Un niño es un rehén: Formas de la a-dicción social

Ana Delgia Alvarado Ortiz

DEDICADO A:

Los niños y niñas porque con los hilos invisibles de la imaginación construyen mundos de aventuras alegres, de horizontes siempre nuevos,

a pesar del horror.

A mis sobrinas y sobrinos por enseñarme.

ÍNDICE

PREFACIO

Escribí este libro hace tiempo. La escritura fue un intento de simbolizar experiencias profesionales desde otra mirada. Nunca lo pude publicar. Los cambios tecnológicos y la inteligencia social me han hecho posible ahora su exposición.

Agradezco a amigas y amigos las sugerencias. La escritura se transformó con esas conversaciones difíciles de olvidar. Para esta versión final reescribí, eliminé y me extrañe de mi propia escritura. En algún momento hay que poner el punto y arriesgarse a develar lo que se escribe. Y el riesgo lo asumo con la misma soledad de la escritura.

Después de releer lo que escribí me parece pertinente y actualizado. Ustedes, quienes leen, evaluarán si es así. Espero que la lectura de este libro pueda permitir un espacio solidario para la expresión y el análisis de lo que se vive como una experiencia ominosa. Con esta escritura intento dar cuenta de las marcas que el paso del tiempo deja inevitablemente en cualquier vida psíquica. Las huellas que se inician en la infancia temprana y son determinantes de una existencia. Con las herramientas conceptuales que estimé fructíferas para esta tarea, inicié el análisis y la investigación de procesos complejos.

Escribir acerca de una parte de mi vida profesional ha sido en cada frase un aprendizaje inesperado, un descubrimiento que no sospeché. La escritura me llevó por desfiladeros fortuitos. Como todo proceso vivido, se siente incompleto, precario, más complicado que lo escrito. Entonces cada lectura puede suplir el diálogo necesario para pensar otros modos de simbolizar la infancia y el tema que propongo. Otros procederes podrán manifestarse.

CAPÍTULO 1

DÉFICIT DE ATENCIÓN Y ANFETAMINAS PARA LOS NIÑOS: LA NARCOTIZACIÓN SE DISEMINA

Que las verdades no tengan complejo,
que las mentiras parezcan mentira...
que ser valiente no salga tan caro...que
ser cobarde no valga la pena... que no
te compren por menos de nada...que no
te duerman con cuentos de hadas...
Joaquín Sabina

Escribir sobre niños. Categoría inclusiva que incluye a seres que muchos adjetivan con autoridad todos los días. Escribo consciente del atrevimiento de hablar sobre otros hablantes casi silenciados. Los años de escucha me llevan a esta escritura, difícil, porque está ubicada en el campo de la interpretación de las palabras de un grupo social excluido, maltratado, estigmatizado, endrogado, silenciado. Los temas son complejos. No existen dos hablantes que pongan a funcionar la lengua de la misma forma. No existen dos familias que construyan sus universos existenciales de una manera idéntica. Lo que sí encontramos son diversos discursos que se homogenizan en un mismo programa narrativo. Una faena que intenta uniformar lo diverso con unas cuantas categorías analíticas y reducir la complejidad: Ofrecer respuestas simples a preguntas complejas.

En este libro propongo un acercamiento otro al repertorio de imágenes del niño. Un recorrido analítico crítico de los imaginarios profesionales que encuadran los niños: Los discursos de *los profesionales de la salud*. Un indagar por el plurilingüismo social del que hablara Bajtín[1]. Leamos:

> La estratificación interna de una lengua nacional en los dialectos sociales… los argots profesionales… lenguajes de autoridades, de círculos y modas pasajeros …Ese movimiento del tema a través de los lenguajes y los discursos, su fraccionamiento en las corrientes y gotas del plurilingüismo social.

Propongo una mirada a los relatos del plurilingüismo social. Esos discursos y decires que aunque no son lenguajes de autoridad pertenecen a la diversidad de discursos y lenguajes sociales de esa hibridación que se da cuando hay mezcla de lenguajes en un mismo enunciado. Escribo con el asombro que me produce el proceso de narcotización de los niños con Ritalin[2]. Estigmatización siniestra, orquestada por las farmacéuticas, con sutileza, pensada con el propósito de lograr ganancias exorbitantes. No digo con esto nada nuevo. Escribo porque se olvida. Por eso irrumpo, insisto, *en cada conversación*, en cada pregunta reiterada por una madre, en cada diálogo con alguna otra psicóloga. Por eso escribo este libro.

En 1987 decía a las madres que era difícil trabajar con los niños en terapia[3] si estaban medicados. No pensé que a la altura del año que escribo la petición tendría que repetirse idéntica, pero tal vez con menos éxito, con más voces oficiales en contra. En aquellos días, tenía la ilusión de que tal vez la moda del Ritalin pasaría pronto. Ignoraba que se dispararía con dimensiones tan poderosas. Subestimé el gran poder del mercado farmacológico para proponer la anestesia de los organismos, de los mamíferos y la represión de sus decires como cuerpos hablantes y sufrientes. Ignoraba que tantos profesionales de la salud en Puerto Rico responden a mitos biomédicos, a artificios creados en las mesas de trabajo

---

[1] Ver Bajtín (1991) *Teoría y Estética de la novela*. España: Alfaguara, p.81.
[2] Se pueden incluir aquí otros estimulantes con efectos parecidos: Adderall, Desoxyn, Gradumet y Cylert.
[3] Para facilitar la comprensión, me limito al argot que comúnmente se utiliza, aunque la noción terapia es una polémica desde otros encuadres enunciativos.

de equipos que diseñan estrategias de mercado para erigir sus prácticas sobre cuerpos que sufren.

La psicoanalista Francoise Dolto en su libro *La causa de los niños* escribió que *las farmacéuticas no tratan al hombre sino al mamífero, no a personas con una historia personal ligada a un padre y una madre.* Podríamos decir que tratan lo orgánico divorciado de lo psíquico. Decir que proponen un adormecimiento químico que evita tener que hacerse preguntas sobre la ubicación imaginaria de un niño en la novela familiar. El filósofo Cornelius Castoriadis en su libro *Figuras de lo pensable*[4] escribió:

> ¿Pero qué es la madre? Ella es, para el bebé, la delegada en forma simultánea de la sociedad existente y de tres millones de años de humanización. Evidentemente, está allí con su inconsciente, que actúa sobre el niño de manera decisiva. Pero este mismo inconsciente, el inconsciente materno, ha sido fuertemente marcado por la socialización a la que la madre fue sometida.

Con la ayuda de los fármacos se prescinde de hablar sobre las madres porque encontramos una palabra tachada. Allí donde algo puede ser dicho se produce la anestesia de los sentidos. El niño no puede decir lo que tiene que ser dicho. El decir que debe producirse para que exista la posibilidad de alguna salida sublimada del dolor que produce existir. El decir que podría abundar sobre cómo se ubica en esa relación con la madre, el padre y los otros de su espacio familiar.

La escritora Margarite Duras aludió a lo vivido como un fantasma que nos habita y que hay que dejar a su aire. Un fármaco de la familia de las anfetaminas[5] no le permite al niño simbolizar lo vivido, dejarlo a su aire, rondar lo *éxtimo*, lo que estando fuera está dentro a la vez. ¿Por qué generalmente se afirma que una persona adicta tiene que pasar por un programa de desintoxicación antes de iniciar un proceso psicoterapéutico y cuando se trata de niños endrogados con psicofármacos, la recomendación cambia y se dice que la *farmacoterapia* se combina con la psicoterapia? Aunque sabemos que ésta última no está muy disponible para los niños y que una vez el niño está en la adicción psicofarmacológica esa combinación

---

[4] Castoriadis (2001) *Figuras de lo pensable*. Argentina: Fondo de Cultura Económica, p.210.
[5] Para una elaboración detallada ver de Fernando Martín Aduriz *Tiempos Modernos y niños hiperactivos*.

es casi imposible.

Francoise Dolto[6] insistió siempre en las consecuencias del no decir:

> El "callar" se refiere a las palabras no dichas que
> se callan profundamente, las emociones, los
> afectos. Los pensamientos no dichos se
> comunican directamente cuerpo a cuerpo. Se
> comunican y quedan, por desgracia sin expresión.
> Cuando son dolorosos, pueden perforar la
> conciencia y el cuerpo, reencarnarse con dolor;
> cuando al contrario, las cosas que se dicen se
> airean permiten al organismo desarrollarse
> perfectamente. Siempre que las cosas son tristes,
> complicadas o dolorosas hay que decirlas a los
> niños, sobre todo en una familia. No hay que
> callarlas. Así, los niños pueden encontrar medios
> verbales, imaginarios, culturales, de negociar sus
> emociones.

¿Por qué ésta a-dicción masiva, la no dicción por vía de los psicofármacos, no se menciona cuando se habla del tema de las adicciones?, ¿Será porque es enmascarada? Una vestidura perfecta con apariencia de ciencia empírica: *Déficit de Atención e Hiperactividad*, llamado por algunos *el travesti de la ciencia*[7]. Un diagnóstico que recoge todo, una especie de zafacón para quienes diagnostican perezosamente, con muy poco tiempo para pensar, para *potenciar la razón*[8]. Esta investidura diagnóstica dialoga con otra: *los niños índigo*. *Déficit de Atención* y *niños índigo*, unión exitosa de términos producto de un *marketing* cuidadosamente diseñado. Unos libros que se despliegan en farmacias y supermercados cuando ya a punto de pagar las compras, irrumpen entre objetos y comestibles.

Las madres[9], no todas saben que la ciencia es un discurso. Pero no como otro cualquiera. Uno apoyado por el mercado farmacológico para producir ficciones, ilusiones, *Big liar*, mentiras grandes del discurso biomédico, imaginarios diseñados para hacer creer la existencia de un fundamento

---

[6] Dolto, F. (1997) *Trastornos en la infancia* Barcelona: Paidós, p.43.
[7] Consultar el Informe Queensland, que se mencionará más adelante, p.24.
[8] Enunciado de Fernando Savater en su conferencia en texto electrónico "Potenciar la razón".
[9] En lo adelante la palabra madre, real simbólica o imaginaria incluirá al padre real, simbólico o imaginario. Son casi siempre ellas las que deben tener *el valor de elegir* aquella alternativa más idónea para sus hijos.

teórico, neurológico, científico, cuando lo que existe es una aseveración sin fundamento, o mejor, con un único fundamento: Económico.

Esto último lo dice mejor Baudrillard:

> La realidad es una perra. ¿Qué tiene de asombroso, por otra parte, ya que ha nacido de la fornicación de la estupidez con el espíritu de cálculo-desecho de la ilusión sagrada entregada a los chacales de la ciencia?...Ahora bien, la imagen ya no puede imaginar lo real, ya que ella misma lo es. Ya no puede soñarlo, ya que ella es su realidad virtual.[10]

El prestigio de esos peligrosos artificios, de esos discursos de autoridad nos intimida y creemos que los artífices del mismo, técnicos que no se plantean dilemas éticos, saben lo que dicen cuando hablan de psicofármacos, de los *desbalances químicos*, de la *dopamina*, de las *disfunciones cerebrales mínimas*. ¿En qué parte del cerebro? Este esoterismo cientificista y disparatero comprado sin cuestionamiento. Las madres saben pero olvidan inconscientemente. Es mejor una explicación cuasi científica que enfrentarse a las posibles preguntas respecto a sus dinámicas de relación familiar. Es mejor que el fármaco sustituya la palabra que abre surcos, heridas, grietas históricas que no queremos enfrentar. Pero la función de las madres es una consecuencia de una dinámica anterior más compleja porque cuando la madre da su consentimiento para que se administren los fármacos cree que hace lo mejor para sus hijos. Por esto el psicólogo australiano Jacobs (2002) en su informe *Queensland Children at Risk: The Over Diagnosis of "ADHD" and the Overuse of Stimulant Medication* en una sección que denomina *A Note To Parents*[11] alude al peligro del simplismo y a la situación paradojal que atrapa a los padres.

El niño inicia un circuito de adicción impuesta, para la que fue coaccionado, como escribió Arendt, *sin el uso de la fuerza*. Pero esta fuerza no es visible, o digamos mejor, la parte visible es el fármaco que a su vez representa el

---

[10] Baudrillard, J. (1997) *El crimen perfecto*. Barcelona: Anagrama.

[11] En la nota escribe: "Please do not feel guilty or hopeless! First of all, parents are placed in an impossibility difficult position when they are having problems with a child and a professional gives them a strong recommendation. As we will see, some parents have even been accused of being abusive and neglectful for NOT agreeing to put their children on stimulants. Parents make most of their decision based on what they believe to be the best thing for their child, and that is all any of us can do".

abuso de poder. Con frecuencia escuchamos a las madres relatar sus experiencias conflictivas con maestras que se niegan a aceptar sus hijos en la sala de clases sin el medicamento. Entonces la presión es poderosa y existe un coro incluye empresas farmacéuticas, psiquiatras, neurólogos, pediatras, psicólogos, padres, maestros y otros.

¿Cómo imaginan al niño las *teorías del desarrollo*? ¿Cómo se estigmatizan sus acciones, su llamada conducta, esas palabras máscaras que se quedan pegadas a la cara? ¿Cómo se construye el niño en los discursos de la prensa con retazos discursivos de los *funcionarios de las agencias*? Cito una noticia que desde que empecé a trabajar como psicóloga leo, casi idéntica en la prensa: *"Que unos 140,017 menores entre las edades de 4 a 17 años en Puerto Rico podrían tener algún trastorno mental sin que la mayoría de estos reciba tratamiento para sus aflicciones"[12]*. Ese famoso estudio tan citado por la prensa se fundamenta en el DSM-IV, la biblia de la psiquiatría ortodoxa, un documento político con investidura científica, un manual que hasta 1980 incluía a la homosexualidad como *enfermedad mental* (DSM-II). Uno que tal vez pronto incluya el IAD, *Internet Addiction Disorder* y que en 1980 recibió presiones de la asociación de psiquiatría americana para incluir el *Premenstrual Syndrome*.

La lectura de los síntomas para diagnosticar un Déficit de Atención en el DSM-IV, muchos de los cuales son comportamientos normales de los niños, nos hace pensar ¿cómo es posible que un artificio tan absurdo se haya utilizado como base para endrogar miles de niños con estos medicamentos? Los funcionarios pertinentes no cuestionan tales estudios y los citan como papagayos. Los detalles nos hacen dudar. Por ejemplo el criterio 1(d) no sigue instrucciones y no termina los trabajos, 2(b) se levanta cuando se espera que esté sentado, 2(c) corre en situaciones inapropiadas. Como señala Jacobs (2002) *la desobediencia considerada enfermedad*. Podemos decir, la infancia considerada una anomalía.

Si en 1980 por una lucha de grupos implicados se tuvo que eliminar la homosexualidad como enfermedad mental, ¿por qué no esperar que ocurra así con el TDAH, que curiosamente se registra como enfermedad en el DSM-III en el mismo año? La historia del síndrome tiene algo más de tiempo[13]. Desde la Primera Guerra Mundial y posteriormente en 1930 se aplica a la infancia por Lederer y Ederer. En 1937 Bradley habla del efecto de las anfetaminas en trastornos de atención. En 1962 se habla de *disfunción cerebral mínima*. Esto fomentó utilizar una supuesta biología para el análisis

---

[12] En El Nuevo Día (Carmen Millán Pabón) 31 de marzo de 2004. Se cita un estudio del Recinto de Ciencias Médicas.
[13] Ver Martin Aduriz, M. *Tiempos modernos y niños hiperactivos* (versión electrónica) y consultar además *The rise and fall of ADD/ADHD* (Fred A. Baughman) en versión electrónica: http://www.ritalindeath.com/adhd.htm.

de los contextos escolares. En 1968 en el DMS-II, se incluye, *reacción hiperkinética del niño y el adolescente* y finalmente en 1980 el DSM-III incorpora la noción de *déficit de atención*. En todo el proceso se destacan las dificultades serias para justificar el síndrome y encontrar un fundamento neurológico para el mismo. En este recuento se insiste en la inexistencia de pruebas (*Tests*) específicos del síndrome y en que sólo se proponen cuestionarios para padres y maestros.

Es importante mencionar como se desprende de la investigación de Baughman que entre 1952 y 1994 el manual DSM de la Asociación Americana de Psiquiatría creció en *desórdenes y enfermedades*: de 112 en 1952 a 163 en 1968, 224 en 1980, 253 en 1987 y 374 en 1994. Imaginemos que esta escalada sigue. De la misma forma el virus diagnóstico de ADHD creció de 150,000 en 1970 a medio millón en 1985, un millón en 1990, seis millones en el 2000. En el año que escribo, las cifras son mayores, como se verá más adelante y la escalada sigue. Tom DeWeese[14] ofrece números: *This pseudo-psychological racket is big business. Sales of pharmaceutical to treat ADHD snowballed to 758 million in the year 2000, and show no signs of slowing down.* Afirmó además:

> Today more than 7,000,000 children have been labeled and registered as permanent patients of the school system. Ten to twelve percent of all boys between the ages of 6 and 14 in the United States have been diagnosed as having ADHD. One in every 30 Americans between the ages of 5 and 19 years old has a prescription of Ritalin. Psychologists have never had it so good. The federal trough has been very good for their industry. …With more than a half of those 7,000,000 children also prescribed Ritalin, the stock-market value of its manufacturer, the Swiss pharmaceutical company Novartis, has also soare. …Now that company and others are working to introduce a host of new drugs into the classroom, including Prozac and Luvox, which has just been approved by the Food and Drug Administration for pediatric use.

David Healy, psiquiatra, especialista en farmacología y profesor de la Universidad de Gales, Gran Bretaña desató en el 2000 una controversia

---

[14] Ver *Druggin Our Children to Death*, 30 de diciembre de 2002, CNSNews.com Commentary.

internacional a partir de una conferencia[15] en el Centro de Adicción y Salud Mental de la Universidad de Toronto. Esto por sus firmes críticas a las industrias farmacéuticas. Incluyo en este espacio textual algunos de sus planteamientos:

> Las empresas y corporaciones farmacéuticas modernas se han convertido en las organizaciones con más beneficios del planeta desde que se aplicó la prescripción obligatoria. Se ha pasado de un mundo donde las farmacéuticas estaban dirigidas por médicos y químicos a otro donde lo están por ejecutivos que también trabajan para multinacionales del petróleo y del tabaco. De hecho las farmacéuticas suelen estar asesoradas por abogados de corporaciones como las mencionadas…En la cultura popular, se ha cambiado la palabrería pseudo psicológica freudiana por una nueva biopalabrería que menciona niveles bajos de serotonina y asuntos similares…un nuevo lenguaje, el lenguaje de la *gran ciencia*, donde empresas y médicos comparten los mismos intereses… Piensen que estamos medicando niños con Prozac y Ritalin y comprenderán que no estamos tratando enfermedades. Se ha escrito largo y tendido sobre la forma de crear mercados de las corporaciones, pero las multinacionales farmacéuticas no venden drogas psicotrópicas a los niños directamente. La explosión del uso de las drogas con menores es una manifestación de la fuerza que crea los mercados, que sostiene el desarrollo de los mercados de las empresas farmacéuticas. Los efectos de tratamientos obtenidos en estudios clínicos se toman como si fueran conclusiones que se pueden aplicar a toda la comunidad: se utilizan para afirmar que los niños se mantengan dentro de unas normas establecidas que minimizarán futuros riesgos. A fin de cuentas, ¿qué padre no quiere evitar riesgos a sus hijos?… No se trata sólo de que nuestros métodos de demostración clínica

---

[15] Los lectores pueden consultar esta conferencia en el sitio Web *Pharmapolitics* o leer una versión editada en español de la revista electrónica "La Insignia", agosto de 2002 (http://www.lainsignia.org).

sean inadecuados: Hay profesores de psiquiatría que están en la cárcel por inventarse a los pacientes. Un porcentaje significativo de la literatura científica es pura invención. Gran cantidad de estudios clínicos no llegan a conocerse si los resultados son inconvenientes para las empresas que patrocinan las investigaciones. A veces, se multiplican las informaciones sobre pruebas, de tal modo que si alguien intenta analizar los resultados tenga verdaderos problemas para averiguar cuántas pruebas reales se han realizado… Llamar "ciencia" a eso es un engaño.

Preocupaciones similares expresó la psiquiatra y profesora de la escuela de medicina de la Universidad de California, doctora Loren R. Mosher[16] en su texto *How Drugs Company Money Corrupted Psychiatry* que cito a continuación:

The American Psychiatric Association (APA) is the nationwide organization to which most psychiatrics belong. In some ways it is a trade union. A large proportion of its income is from drugs companies advertising in its journal and newspaper. It also receives unrestricted educational grants and convention revenue from drug companies.

La doctora Mosher alude además a que las farmacéuticas pagan miles de dólares a los conferenciantes, con cena incluida, siempre y cuando estén en la lista de los que endosan sus productos. Esta faena invade los contextos universitarios:

The drug companies give contracts to university based and private psychiatric research companies to conduct drug trials that are required for FDA approval of the drugs they sell. The company provides the protocol and the researcher may receive as much as $40,000 per patient that completes the study. This allows the drug company considerable influence on the way the

---

[16] Ver texto *How Drug Company Money Has Corrupted Psychiatry*: http://www.antipsychiatry .org/mosher.loren.1.htm.

drug studies are conducted. All of these drug
manufacturer activities have increased in scope
and intensity since the introduction of newly
patented drugs, beginning with Prozac in 1989.
They must reap the profits before patents run out.

Francis Fukuyama ha elaborado sobre la tendencia en la sociedad
norteamericana de utilizar los fármacos no por su valor terapéutico sino
simplemente porque hacen sentir mejor, *better than good*. Una farmacología
cosmética y un instrumento de control social. Así, en su texto *Sorry, but your
soul died*[17] escribió lo siguiente:

> If Prozac appears to be some type of happiness
> pill, Ritalin has come to play the role of an overt
> instrument of social control. It is used today to
> treat a syndrome known as attention deficit
> hyperactivity disorder, or ADHD, a "disease"
> commonly associated with young boys who have
> trouble sitting still in class... There is of course a
> simpler explanation, which is that ADHD isn't a
> disease at all but rather just the tail of the bell
> curve describing the distribution of perfectly
> normal behavior. Young human beings, and
> particularly young boys, were not designed by
> evolution to sit around at a desk for hours at a
> time paying attention to a teacher, but rather to
> run and play and do other physically active things.
> The fact that we increasingly demand that they sit
> still in classrooms, or that parents and teachers
> have less time to spend with them on interesting
> tasks, is what creates the impression that here is a
> growing disease... Ritalin is a central nervous
> system stimulant that is chemically related to such
> controlled substances as methamphetamine and
> cocaine. Its pharmacological effects are very
> similar to those of the latter drugs, increasing
> attention span, creating a sense of euphoria,
> building short-term energy levels, and allowing
> greater focus. If used to excess, Ritalin can have
> side effects similar to those of methamphetamine

---

[17] Texto de Fucuyama en: *The Guardian* (London, England) 13 de mayo de 2002,
p2.

and cocaine, including insomnia and weight loss. This is why doctors prescribing Ritalin to children recommend periodic "drug holidays".

Fucuyama en su texto *How to regulate science* [18] también reitera su análisis respecto a la rotulación de personas que están en los extremos de la curva normal. Su texto permite notar que el ADHD no estaba en el léxico médico hace unas décadas:

> …This is in fact a classic case of the social construction of pathology. ADHD was not even in the medical lexicon a couple of generations ago. There is correspondingly, no neat line between what one might label the therapeutic and enhancement uses of that normal functioning is impossible for them. At the other end of the distribution are children who have no trouble concentrating or interacting for whom taking Ritalin might be an enjoyable experience that would give them a "high" just like any other amphetamine. …What make Ritalin controversial is those children in the middle, who meet only some of the diagnostic criteria specified in the DSM for the disease but are nonetheless given the drug by the family physician. In other words, if there was a case where the distinction between pathology and disease in diagnosis, and therapy and enhancement in treatment, is ambiguous, it is ADHD and Ritalin.

En el texto del *Boletín informativo*[19]: *Abuso de Medicamentos Prescritos y la Juventud* del *National Drug Intelligence Center,* en la categoría de estimulantes se mencionan los más abusados: Aderall, Concerta y Ritalin. Así utilizándose como fuente el *National Institute of Drug Abuse* se afirma lo siguiente:

> En la categoría de los estimulantes están las drogas Aderall, Concerta y Ritalin. Estas son recetadas

---

[18] Consultar Fukuyama, F. (2002): *How to regulate science*, en *Public Interest*, 146, p.3, 20p.

[19] La fecha de publicación del boletín citado es marzo de 2003. Los lectores lo encuentran en: http://www.usdoj.gov/ndic/spanish/3808/3808t.htm

para el alivio de narcolepsia, hiperactividad con déficit de atención y obesidad. Los efectos fisiológicos son de amplificar la actividad del cerebro, lo cual causa un aumento en el estado de alerta, atención y energía. Los efectos adversos son la elevación de la temperatura del cuerpo, arritmia, insuficiencia del sistema cardiovascular, convulsiones fatales y hostilidad o paranoia.

En Puerto Rico[20] en los datos ofrecidos por la oficina del Zar Antidrogas aplicables a los adolescentes se alertó sobre la siguiente tendencia: *El uso de drogas de diseño (Éxtasis, Ketamina, LSD, GHB, Rohypnol y Metanfetaminas) en el último año (2002-2003) fue mayor (1.1%) que el uso de cocaína y heroína (.8% y .7%) respectivamente.*

En febrero de 2004 la FDA[21] convocó un panel para discutir las trágicas consecuencias de los antidepresivos en los niños, donde cerca de 40 familiares testificaron sobre las muertes por suicidio asociadas a antidepresivos como Effexor. En el panel el doctor Lawrence Diller, pediatra autor de los libros *Running on Ritalin; A Physician Reflects on Children, Society, and Performance in a Pill* y *Should I Medicate My Child*, testificó y señaló que no confía en los resultados de las investigaciones de sus colegas académicos por los vínculos que históricamente han mantenido con la industria farmacológica[22]:

---

[20] Ver *No discrimina la droga por clase social* (Sandra Rodríguez Coto) *El Nuevo Día* 24 de abril de 2004.

[21] Food and Drugs Administration. Consultar *New doubts about medicating kids* (Gregory M. Lamb) *The Christian Science Monitor*, 5 de febrero de 2004, p.14.

[22] Para ofrecer sólo un ejemplo de Puerto Rico, leí en más de una ocasión un anuncio de media página de periódico, forma vertical, publicado en el periódico El Nuevo Día (25 de abril de 2004) que lee: *La Academia de Geriatría y La Asociación de Psiquiatras Egresados del PR Institute of Psychiatry cordialmente invita a su Simposio Clínico "Nuevos Enfoques en la Neuro- psiquiatría...* Después de mencionar las ponencias, tres de los cinco títulos mencionan el uso de fármacos: *Nuevos Avances Farmacoterapéuticos en el Manejo del Desórden Bipolar, Desórdenes de Animo en la Mujer: Efectos de la Norepinefrina/ Dopamina y Eficacia y seguridad: Antidepresivos de Nueva Generación*, al final del anuncio se informa: *"Este programa es posible gracias a una aportación educativa de gsk GlaxoSmithKline".* Las alianzas estan claras. Imagino que ningún simposio que cuestionara el uso de fármacos podría anunciarse de esta manera en el periódico. Noten además la propaganda implicada en las frases *"nuevos avances"* y *"nueva generación"*, que presenta el uso de fármacos como algo novedoso. Esto nos hace pensar en una aseveración de la escritora Cristina Peri Rossi: *"no hay sintaxis inocente".*

The ads directed to consumers convince everyone that life is simply, you know, neurotransmitter bubbles going from one set of synapses to another. The lobbying of the drug industry is legendary – and this is a doctor speaking.

Antes, en el 2000, la primera dama de los Estados Unidos, Hillary Rodham Clinton se preocupó por esta dinámica de medicación con preescolares y propició discusión y un plan que estudiara los efectos de estas drogas en infantes. Al respecto afirmó: *Some of these young people have problems that are symptoms of nothing more than childhood or adolescence*[23]. En la reseña citada se ofrecieron estadísticas en Atlanta: En 1999 cerca de 2,039 gramos de droga fue prescrita para 100,000 residentes. Esto se compara con el 1986 que fueron 454 gramos para 100,000 residentes. En 1999 los médicos recomendaron en toda la nación estadounidense, Ritalin o Adderall para 7.7 millones de niños menores de 18 años. John Rosemond señaló al respecto: *It's criminal. We can't just say that a kid's got discipline problems, we've got to give him a diagnosis and then hand him a pill.*

Está fuera del espacio de escritura de este libro elaborar detalladamente sobre la venta clandestina de fármacos: El abuso progresivo del Ritalin, inhalado, inyectado por vena, para soportar largas horas de estudio o para inducir estados eufóricos entre los adolescentes, fenómeno que se ha dado en los campus universitarios. Los lectores pueden consultar literatura[24] disponible.

Estas preocupaciones no se manifiestan en los discursos profesionales en Puerto Rico, en las revistas especializadas, en la prensa o en los espacios universitarios. No hay controversia, predomina un consenso sospechoso ¿No ven el vínculo entre el DSM-IV y las ganancias de las industrias farmacéuticas? Las mismas le rinden a la economía norteamericana 26 veces

---

[23] Revisar: *Medicating kids: First Lady urges a new look at pitfalls* (Diane Lore, Jennifer Brett) *The Atlanta Journal – Constitution* (Atlanta, GA), 21 de marzo de 2000, p. A1.
[24] Revisar: *Ritalin abuse hits students looking for an exam kick* (Jeremy Laurence) en *The Independent* (London England) 26 de agosto de 2003; *The identity clinic: Happiness has become the goal of medicine and it will make us miserable* (Carl Elliot) en *The Guardian* (London England) 27 de marzo de 2004, p.19; *'Kiddie speed' for exam boost* (Jessica Lawrence) en *The Sunday Mail* (Brisbane, Australia), 28 de marzo de 2004, p 7.; *Ritalin abuse a growing epidemic among youth* (Vedantam, Blanchard) en *Knight Ridder/ Tribune News Service*, 24 de enero de 2001; *Crack down on Ritalin abuse* (Editorial) en *Daily Herald* (Arlington Heights, IL) 8 de mayo de 2000, p.8.

más ganancia que la industria automotriz y tres veces más ganancia que el petróleo. La tecno-ciencia aliada a los psicofármacos[25]. Recordemos que la etimología de la palabra Pharmacos alude a un mito griego. Los pharmacos eran llamadas las víctimas humanas que eran ofrecidas a los dioses en tiempos de crisis. Ofrecemos los niños como víctimas en este mercado insensible de la farmacopea, y su consecuencia, una especie de practica de farmacopsicología.

Si de inventar ficciones se trata, pues no podemos salirnos del espacio imaginario de nuestras invenciones, propongo imaginar unas que no impliquen endrogar a un niño en plena manifestación de sus conexiones neuronales, sus destrezas cognoscitivas y sus capacidades creativas. Es preciso notar que la invención de patologías nuevas responde a otras dinámicas ya mencionadas antes y no a fenómenos experienciales de los niños y jóvenes. Por esto es risible que ante el argumento de que antes no se hablaba de déficit de atención se responda que *no se había descubierto*. Si es una condición neurológica, entonces ni psicólogos ni psiquiatras tienen por qué hablar del tema. Así lo afirmó el neurólogo Fred A. Baughman ante el comité de salud y servicios humanos del senado de California en 2002. Aquí afirmó que es su especialidad quien maneja lo orgánico, los desórdenes médicos del cerebro y el sistema nervioso, no la psiquiatría. Lo que se desprende de los testimonios es que el diagnóstico es totalmente arbitrario y sin ningún fundamento. Baughman ofreció detalles:[26]

> In medicine and surgery we deal with physical,

---

[25] Podemos leer en el Nuevo Día del 31 de mayo de 2004, Sección de Negocios, Primer Plano *La economía del saber: una nueva era para Puerto Rico, Rafael Lama Bonilla)* declaraciones del Secretario de Desarrollo Económico y Comercio cantando loas a este proceso de la *nueva era del conocimiento*. En el mismo artículo leemos declaraciones del gerente general de *Abbott Laboratories* del proyecto de biotecnología de Barceloneta, que excede los $350 millones, de que hay que pasar *de ser un país de mano de obra intensiva a una economía de conocimiento*. Para esto han hecho alianzas con las universidades: Interamericana de Arecibo, Recinto Universitario de Mayagüez para *adiestramiento a operadores de biotecnología*. También habló de becas a estudiantes en microbiología, internados en la planta, cursos universitarios con sueldo y señaló que la empresa invierte $250,000 anuales en fondos para *diversas iniciativas para el desarrollo de los estudiantes*. También habló el director de la Oficina de Ciencia y Tecnología para la Compañía de Fomento Industrial de Puerto Rico de una *reforma desde kinder hasta 12* para responder a las necesidades de la biotecnología. En este artículo además se publica una tabla que utiliza como fuente: Puerto Rico 2025 que presenta a Puerto Rico como líder en exportaciones globales de fármacos, superando a Alemania y Estados Unidos entre otros.

[26] Ver ponencia ante el *Senate Committee on Health and Human Services*, California. Los lectores interesados pueden conseguirla en la siguiente dirección: http://www.adhdfraud.org/commentary/5-19-02-3.htm.

> organic, disease-one having objective
> abnormalities that can be
> demonstrated/diagnosed by examination or by
> some diagnostic technology. Neurology, my
> specialty, which deals with organic disease of the
> brain and nervous system, is among the medical
> and surgical specialties while psychiatry is not.
> This is where the problem with diagnosis and
> informed consent y psychiatry arises; they claim to
> diagnose and treat "diseases" and "chemical
> imbalances" of the brain when no such things
> have been proved to exist, and then proclaim, to
> their patients and parents, and to the public-at-
> large (most of them patients at one time or
> another) that they have "diseases" and "chemical
> imbalances" of the brain. Having made such
> statements —and in mental health they always do–
> informed consent has been hopelessly abrogated.

Jacobs (2002)[27] afirma que el manual que se utiliza como supuesto fundamento para diagnosticar hablantes, el DSM-IV no se utiliza en Reino Unido como biblia, como sucede en Estados Unidos y Canadá. Se utiliza el ICD (International Classification of Diseases), por lo que la prevalencia del ADHD es de 1% o menos:

> Unless there are phantom ADHD germs in the
> water outside of England, the discrepancy in the
> prevalence rates points to the lack of reliability of
> the diagnosis. If we were looking a "real" entity
> that we could measure, the prevalence ought to be
> relatively the same in different populations.

Ese fantasma también llegó a la isla de Puerto Rico, con particular énfasis en la década de los 90 y ya produjo sus mecenas dispuestos a solicitar fondos para la investigación y hacer realidad el artificio[28]. Hablamos aquí de un tejido concatenado de muchas dimensiones. Por un lado, el poder avasallante del imperio de los discursos oficiales, por otro la internalización o creencia ingenua de aseveraciones carentes de fundamento por aquellos

---

[27] Ver Jacobs (2002) Informe Queensland, p.14.
[28] Nótese que tenían que sentir un vacío con la merma de los fondos para investigaciones sobre el sida.

que trabajan o se relacionan con niños.

Algo que suscita una duda metódica cartesiana es notar que en el mes de abril de 2004, en un lapso corto de tiempo, menos de un mes, se publicaron en el periódico El Nuevo Día dos amplios reportajes sobre el Déficit de Atención, redactados por la misma periodista[29], *Ojo ineficaz al déficit de atención*, del 29 de marzo de 2004 y *Opciones ante la hiperactividad*, del 10 de abril de 2004). El primero empieza como sigue:

> Los niños que padecen de déficit de atención con hiperactividad (ADHD) no están siendo tratados de la forma más eficaz en Puerto Rico, donde se estima que entre 60,000 y 70,000, 7%, niños padecen la condición. Sólo 7.0% de los niños fue tratado con estimulantes en el año 2002, de acuerdo a un estudio encabezado por el doctor Bauermeister y publicado en el *Journal of the American Academy of Child & Adolescent Psychiatry*…El ADHD es una condición neurológica de comportamiento que, según la Academia Americana de Pediatría, afecta entre 4% y 12% de los niños de edad escolar.

Después de la introducción la periodista procede a mencionar las alternativas farmacológicas disponibles. Eso sí, siempre y cuando se haga un diagnóstico acertado para *"atajar bien el mal"*. A continuación entrevista a un psiquiatra, que repite el canon conocido: *Los estimulantes son los medicamentos de primera línea para Déficit de Atención*. Así se procede a mencionar los estimulantes y los efectos secundarios. Curiosamente no se mencionan las muertes de niños asociadas al Ritalin[30], ni se mencionan los casos de afecciones cardiacas, delirios y psicosis, de interferencia de los estimulantes con el crecimiento. Esto último amerita, claro, un reportaje de periodismo investigativo para mencionar la abundante literatura crítica que de ninguna manera está representada en unos reportajes que parecen más un *marketing* de una farmacéutica. Me pregunto por qué en los reportajes mencionados anteriormente no se menciona a los lectores el acta *Child Medication Safety*

---

[29] Ver El Nuevo Día, 29 de marzo del 2004 y 10 de abril de 2004 (Aurora Rivera Arguinzoni).

[30] Sobre estos hechos ver el texto de Lawrence T. Smith padre de un adolescente, Mathew Smith, quien murió el 21 de marzo del 2000. En la certificación de su muerte se lee: "Death caused from long term use of Methylphenidate (Ritalin). El texto de Lawrence Smith se encuentra en la página electrónica del archivo Ritalin Death (2000-2002): http://www.ritalindeath.com/archive.htm.

Act of 2003[31] presentada en julio de 2003 en el senado de Estados Unidos y que se mencionará más adelante en este capítulo, que intenta proteger a niños y padres de la coacción del sistema escolar para el uso de fármacos. ¿No es el espacio de un reportaje sobre el tema el mejor lugar para mencionar el acta para que no pase desapercibida? Pensamos que la prensa, descrita por muchos como un tercer poder puede advertir a los lectores. Pero esto último es retórica hueca pues sabemos que los poderes son múltiples, las influencias insospechadas. Las informaciones son manipuladas e investidas de cientificidad.

Posteriormente el 10 de abril, en otro reportaje: *Opciones ante la hiperactividad*, con el subtítulo de *consejos para mamá*, se repite la novela canónica y se entrevista a una psicóloga que escribió un libro, con *10 mandamientos*, que ella formuló a partir de recomendaciones que hicieron los niños y adolescentes con el diagnóstico. Finalmente en un recuadro se afirma que *"el complemento perfecto al uso de medicamentos es la modificación de conducta"*. Note el lector que ese método fue planteado a principio del siglo 20, secuela de la tradición conductista y descrito por muchos teóricos, filósofos de la ciencia, sociólogos, psicólogos entre muchos otros, como una de las formas más simplistas e ingenuas de intervención terapéutica con niños. En muchos currículos de universidades, considerada caduca. Una mínima búsqueda bibliográfica podría orientar a cualquier lector interesado. Esta la podemos recomendar a la periodista para que lea el vasto universo textual crítico de estas supuestas terapias que no son otra cosa que alianzas felices entre la necesidad de control social y el mercado farmacológico.

¡En estos tiempos aún hablamos de modificación de conducta! Y si es una *"condición neurológica de comportamiento"* ¿Qué hace un psiquiatra hablando de neurología? Un mes después, el 17 de mayo la misma periodista publica otro reportaje, *Nueva opción para el ADHD*[32] fundamentado en una entrevista con el mismo psiquiatra que entrevistó en otros reportajes. El reportaje ocupa casi una página completa del periódico, la parte restante lo ocupa *un mensaje educativo de GlaxoSmithKline*. En el mismo se habla sobre el fármaco Strattera, descrito en el reportaje como *el primer medicamento para déficit de atención que no es un estimulante*. Aunque el psiquiatra parece inclinarse más hacia los estimulantes, al afirmar: *a un paciente que está respondiendo bien a un estimulante…no hay razón para ponerlo en Strattera*. En el recuadro sobre los efectos secundarios del medicamento, al final leemos la fuente: El nombre

---

[31] La *Child Medication Safety Act of 2003* se sometió en la Cámara de Representantes del congreso estadounidense el 11 de marzo de 2003 (HR1170 IH) y en el senado el 10 de julio de 2003 (S.1390). Los lectores pueden leer el texto del Acta en: http://thomas.loc.gov/home/thomas.html.
[32] Ver *Nueva opción para el ADHD*, Aurora Rivera Arguinzoni, El Nuevo Día, 17 de mayo de 2004.

del psiquiatra. Ni siquiera se hace referencia a otra literatura o a la oficial sobre los efectos secundarios que se publica sobre el medicamento. En estos reportajes repetitivos que ocupan páginas centrales del periódico son mínimas las referencias a otras dimensiones que tienen que ver con el escenario escolar o con el sufrimiento de los niños en sus espacios familiares. Esta repetición se torna peligrosa por la desinformación que confunde a madres y padres. Tal parece que en los reportajes hay una intención oculta de promoción para el uso de fármacos. En la manipulación de los discursos *los monos gramáticos*[33] llegamos lejos.

Estamos ante una industria multibillonaria, con poderes infinitos para imponer su libertad de prensa por sobre la de los ciudadanos. Para ofrecer algunos ejemplos de nuestro contexto social, en el periódico El Nuevo Día, del domingo 7 de mayo de 2004, la página 21 y 23 en su totalidad despliegan anuncios de GlaxoSmithKline. El de la página 21, presenta la foto de una pareja triste, la mujer, con los brazos cruzados mira hacia la cámara y el hombre, detrás, con sus manos sobre los hombros de ella, con la mirada perdida, se nota pensativo. Detrás de la pareja, aparece una silueta negra con las manos amenazantes, un cuco. A la derecha se lee: *El cuco de la depresión tiene muchas formas.* Y luego, el texto que sigue, el lector puede leerlo en nota al calce[34]. Acto seguido, aparece una lista denominada autoexamen de depresión para que las personas lo hagan y de contestar sí en cinco o más de las preguntas, se le recomienda visitar su médico. Finalmente se escribe *un mensaje educativo de GlaxoSmithKline* y el anuncio termina con los teléfonos de lo que califica como *centros: Pavía Behavioral, Hospital Panamericano, Hospital San Juan Capestrano y Mepsi Center.* No se le menciona al lector el nombre de ningún medicamento. Se mantiene el suspenso porque esto se hará dos páginas después en el anuncio de la misma farmacéutica en la página 23. Aquí aparece una mujer frente a un espejo y dice: *¡me siento bien. Estoy tomando Wellbutrin xl para uso una vez al día, un antidepresivo con un riesgo bajo de efectos secundarios de tipo sexual.* El anuncio continúa con información sobre los posibles efectos secundarios, convulsión, pérdida de peso, boca

---

[33] Ocurrencia que debo al escritor Octavio Paz.
[34] El texto dice lo siguiente: *Miles de personas sufren en silencio a causa del cuco de la depresión sin saberlo. Si te sientes desesperado o triste todo el tiempo, si no puedes dormir bien, comer, concentrarte, o te sientes cansado sin razón aparente, busca ayuda ahora. En la fase inicial del tratamiento para la depresión, muchas personas abandonan el mismo debido a los efectos secundarios que causan los antidepresivos. Actualmente existen nuevos antidepresivos con una baja incidencia de efectos secundarios que no interfieren con tu vida sexual o con tu peso…* Cabe señalar que durante el mes de mayo escuché en una emisora de radio am, literalmente este mismo texto en la voz de un psiquiatra que tiene un programa radial, quien después del enunciado final, *un mensaje educativo de GlaxoSmithKline* se identifica con su apellido.

seca, náusea, dificultad para dormir, entre otros. Finalmente el anuncio termina con la petición al lector para que lea la información para el paciente en la próxima página del periódico. Se pueden notar las alusiones al cuco, al aumento de peso, la alusión a la sexualidad y cómo se presenta una cadena metonímica, un desplazamiento de un anuncio a otro de imágenes visuales y palabras. Imagino que el anunciante espera que el lector al impactarse con la imagen del cuco detrás de la pareja y de la frase *vida sexual* olvide el asunto de los efectos secundarios. Al mismo tiempo la farmacéutica se cura en salud al informar de paso los mismos.

Veamos otro anuncio que apareció a página completa en El Nuevo Día, con mucha frecuencia al inicio del verano del 2004[35]. Aparece una pareja con su hijo en la playa. El padre le ayuda a hacer construir cosas en la arena, la madre los contempla sonriente. Sobre esta imagen en el lado derecho leemos el enunciado: *El Déficit de Atención e Hiperactividad no se va de vacaciones en verano*. En la parte inferior de la imagen leemos: *Este es el momento de preguntarle a tu médico sobre el medicamento no estimulante Strattera*. Después, dos párrafos de *información* pseudocientífica[36] El fin del enunciado: *Recomendado por la academia Americana de Psiquiatría de Niños y Adolescentes como una opción de primera línea de tratamiento*. Parece que este mercado no quiere disminuir sus ganancias exorbitantes durante el verano.

El 15 de junio de 2004[37] leemos en el mismo periódico una noticia que conviene citar por ser un sospechoso desplazamiento del anuncio anterior: *Tratamiento infantil con cese arbitrario en verano*. Esta noticia empieza así: *Las medicinas no deben tomar vacaciones durante el verano, especialmente cuando se trata de las terapias de niños con ADHD*. Esta primera oración de la periodista nos trae reminiscencias del anuncio citado antes. En esta noticia se cita al *farmacólogo y gerente de investigación de la empresa* del anuncio anterior quien ofrece unas estadísticas de un estudio que hicieron mediante 400 llamadas telefónicas a padres de niños entre las edades de 6 a 17 años que toman medicamentos para el ADHD: *el 46% de los padres de niños con esa condición confesaron su intención en reducir o eliminar el medicamento... el 80% de esos padres reconocieron que*

---

[35] Ver periódico El Nuevo Día, el viernes 4 de junio de 2004, página 27 y el miércoles 9 de junio de 2004, pagina 31.

[36] Refiero a los lectores a un ensayo de Daniel R. Altschuler *Pseudo ciencia de los niños índigo* que se publicó en el periódico El Nuevo Día el domingo 13 de junio de 2004. Este excelente ensayo nos alerta sobre la base pseudocientífica de la literatura sobre los niños índigo, una verdadera invasión en librerías en estos años. Aunque el profesor menciona el tema del ADD, como desorden, me atrevo a afirmar que podría incluirlo como parte de su argumentación, ya que considero que la literatura del ADD se puede nombrar como pseudocientífica como la de los niños índigo.

[37] Ver *Tratamiento infantil con cese arbitrario en verano* El Nuevo Día, 15 de junio de 2004, página 10 (Carmen Millán Pabón).

los niños se benefician del tratamiento cuando se mantiene durante el tiempo que está fuera de las escuela... el 57% de los padres que consideraban un cambio de medicamentos para sus hijos, se inclinaban a hacerlo en los meses de verano. La periodista entonces cita a un psiquiatra que estaba presente en la actividad donde se ofrecieron estos *datos*, provenientes de una encuesta. El psiquiatra dijo según la periodista que *los niños que toman medicamentos para el trastorno de ADHD no sufrirán daños si continúan con las dosis ininterrumpidamente.* También afirmó que *los niños que toman los medicamentos sufren más cuando se les detiene la dosis y vuelven a tomarla cuando comienzan las clases.* El psiquiatra cita un estudio para decir que *la incidencia de ADHD y asuntos relacionados con esta condición son más altas en Puerto Rico que en Estados Unidos.* La periodista señala que *el ADHD afecta entre 3 a 7% de los niños en edad escolar.* La noticia termina con la referencia a una página electrónica calificada de *recurso educativo -no promocional- para los padres.* Vemos en esta noticia iniciada prácticamente con un *slogan* de un anuncio de Eli Lilly, las alianzas entre farmacéuticas, psiquiatras y una prensa que provee un espacio sin suficiente periodismo investigativo. De otra manera no me explico por qué la periodista tiene que citar una encuesta como si fuera un hecho que los padres deban tomar en cuenta. ¿No nota el efecto de estas palabras cuasi promocionales sobre algunos padres?

El 13 de junio de 2004[38] apareció en el mismo periódico un anuncio que seguramente se repetirá, que presenta una secuencia de imágenes de una mujer cuyos gestos son descritos en el anuncio con las palabras *¿distraída?, ¿desorganizada?, ¿frustrada?, ¿La vida moderna o ADD en adulto?* El anuncio incluye una prueba simplista, cuya descripción se vincula a la OMS[39]. Después de ofrecer una información canónica sobre el ADD en el adulto leemos: *marque el encasillado que mejor describe cómo usted se ha sentido y comportado durante los últimos 6 meses. Por favor entregue el cuestionario lleno a su profesional de la salud en su próxima cita para discutir los resultados.* El medicamento anunciado es *Strattera.* Según la información ofrecida en el anuncio, que obviamente está dirigido a las mujeres, se les dice que el mismo *le ayuda a mantener la concentración de manera que pueda completar sus actividades en el trabajo y en la casa.* ¡Cantemos loas a una píldora para que las mujeres asuman mejor su doble tarea! Imaginen las lectoras cuanto poder de sugestión podría tener ese mensaje para mujeres trabajadoras, ajoradas y estresadas. Es decir que si la mujer llena el cuestionario será más rápido el proceso de medicación y saldrá pronto de la oficina de *su profesional de la salud* con la receta de

---

[38] Ver periódico El Nuevo Día, del domingo 13 de junio de 2004, página 57.
[39] En el anuncio la prueba es descrita como *Prueba de detección de la escala de informe personal para adultos-V1.1 (ASRS-V1.1).*Despliegue de la denominada pseudociencia con apariencia *científica*, el como si,de la palabra prueba, un cuestionario simplista presentado como si fuera una prueba científica.

Strattera a lavar planchar y cocinar. Además podemos notar la estrategia de mercadeo para crear la ficción del *Déficit de atención en adultos*.

Tenemos que notar el poder del imperio de la diosa *Pharma*, la *Big Pharma*[40] que puede controlar ya nuestros afectos, modular nuestro comportamiento, balancear nuestros *desbalances de serotonina* y está en vías de ser cada vez más efectiva en este intento. El dios con investidura de diosa, el mencionado *dios travesti*, que amarra la lengua de algunos hablantes y escribientes, porque imagino que modulan sus palabras, omiten las polémicas sobre efectos secundarios o porque los anunciantes pagan a los dueños de los periódicos. El dios travestido que suelta la mano de muchos médicos al momento de hacer las recetas, 90,000 propagandistas en Norteamérica. El dios que paga miles de dólares a médicos conferenciantes para que canten loas a los fármacos en los congresos y convenciones. El dios que aliviará la *doble tarea* de las mujeres. El dios que subvenciona hasta las revistas de *perspectivas alternas*[41]. Por ejemplo la revista *Plural*, sostenida también por industrias farmacéuticas. Supongo que las intelectuales que aportan a la revista no ven problema alguno con este hecho. Entonces no es tanta la diferencia entre esta revista y otra, denominada *Salud*[42] y publicada por el periódico el Nuevo Día, en la cual se publican textos de médicos y psiquiatras cuya recomendación final se encamina hacia el uso de fármacos y cuyos anuncios de tipo *un mensaje educativo* invaden a página completa cada dos páginas de la misma. Si bien es cierto que un adulto puede *libremente* escoger si vive una vida adormecida por los fármacos, la situación con los niños es diferente

---

[40] Ver texto: *Oh, behave! Are you having trouble with your sex drive? Can't kick nicotine? Feeling angry? Sad? Jittery? Fat? Thre's almost certainly a pill to help you – or very soon will be. As more and more consumers expect medication, pharmaceutical companies are hitting the jackpot.* Joe Studwell, The *Financial Times, enero 24 de 2004, p.16.*

[41] Un ejemplo en Puerto Rico es la revista *Plural*, con su lema *la otra mirada* del Centro de Investigación y Política Pública de la Fundación Biblioteca Rafael Hernández Colón, que se autodenomina y cito: de *perspectivas alternas… que se coloca más allá del discurso común y oficialista… aspiramos a honrar la producción intelectual, y lo que es más importante, la dignidad del lector…a partir de una plataforma ciudadana, de sociedad civil, ajena a las estructuras de gobierno, intereses económicos…* (Vol. 2, Num.1, Enero-Febrero de 2004, p. 3). Esta revista contiene sendos anuncios de farmacéuticas a página completa, uno de los cuales empieza con la pregunta *¿Le impiden los síntomas de la depresión estar donde quiere estar?* Después nos habla de la novela canónica conocida sobre la serotonina y la norepinefrina y afirma: *Corregir el desequilibrio de estas dos sustancias químicas puede ayudar a aliviar los síntomas de depresión* (p.50-51). ¿Pretenden entonces los editores honrar así *la dignidad* de los lectores?, ¿Cómo es eso de que están ajenos a intereses económicos? ¿Será posible crear una afasia entre los discursos de los intelectuales que escriben y los de los anuncios a página completa?, ¿Eso es ir *más allá del discurso común y oficialista*?

[42] Ver revista *Salud al Día*, Año VII Vol. 4, mayo de 2004.

porque ellos se convierten en rehenes de semejante aplanadora. Además dependen de sus tutores legales, los padres. No obstante las estrategias de mercadeo se han convertido ya en algo tan natural, en esa segunda naturaleza, capaz de anestesiar a los intelectuales más agudos, esos que van a alertar a la supuesta *sociedad civil*. Esta ficción amerita un ajuste de cuentas.

Es triste y aburrido escuchar la homogenización. uniformidad y circularidad de los planteamientos en los supuestos análisis desde la prensa, desde la radio y televisión y desde algunos círculos universitarios. Los funcionarios del gobierno reproducen en forma cansina resultados de supuestos estudios[43] que a su vez reproducen los cánones sociales como el que leemos en un periódico del país con las declaraciones del Administrador Auxiliar de Tratamiento de Niños y Adolescentes cuando señaló que *el trastorno mental más notable en la población de menores es el Déficit de Atención e Hiperactividad*... Y así leemos en la misma noticia las declaraciones de la Secretaria Auxiliar de Planificación y Desarrollo de Salud[44]:

> Vivimos una sociedad donde no hay límites, donde no se reconoce la autoridad, donde existe una falta de control a las emociones y el coraje. No se reconocen los límites y el respeto del ser humano por el individualismo que se promueve. A eso se suman las leyes, un hijo te puede llevar a un tribunal porque le estás poniendo formas de disciplina. La legislación impide la autoridad para disciplinar. Ahora el vecino es un presentado, el padre un mal tratante físico o psicológico. Ahora ser disciplinado está fuera de onda y la educación resulta aburrida. También los ejemplos que vemos de los que están en el poder, las campañas de descrédito y la corrupción, como se ven exacerbadas no ayudan en nada.

La periodista cita además a la funcionaria diciendo que *ahora los jóvenes tergiversan la definición de libertad, la convierten en una libertad individual, de hacer lo que les da la gana y se olvidan del colectivo social*. Este discurso de la funcionaria es representativo de una perspectiva dualista: Lo individual separado de lo social. Es reduccionista, al culpabilizar a los jóvenes por una dinámica social que los rebasa y afirmar que ¡"tergiversan la libertad"! Esta manera de culpabilizar a niños y jóvenes propone en forma implícita un regreso a

---

[43] En el periódico Primera Hora del 31 de marzo del 2004 (Sara M Justicia).
[44] Entrevista citada en Primera Hora, 31 de marzo de 2004 (Sara M. Justicia).

posiciones conservadoras de orden y disciplina donde las leyes sean laxas para con los padres con disciplinas rígidas. Aquí encontramos de forma implícita una crítica a que se diga que el maltrato puede ser psicológico y una propuesta de que todo tiempo pasado fue mejor. Al leer esto nos parece escuchar el eco de opiniones populistas justificadoras de acciones de maltrato. ¡Y estamos hablando de la planificación y desarrollo de la salud!

El 26 de septiembre de 2002, Lisa Marie Presley[45], conmovida por la narcotización de los niños, alarmada porque América consume el 90% del Ritalin en el mundo y para pedir legislación protectora para los mismos, ofreció una ponencia en: *Committee of House Government Reform* que es importante citar:

> ...More and more parents have been convinced that their child's creative endeavors, their enthusiastic energy, their misbehavior, or perhaps even their disillusionment with school, is a "mental disorder" which cries out for a "chemical fix"...And with ADHD increasingly under fire in the media and the community, parents are told that their child may not have ADHD after all, but so-called "bipolar disorder". The symptoms of this new affliction include "poor handwriting"/"difficulty organizing tasks" "complains of being bored", "is very creative", is Willful", has "difficulty getting up in the morning, has trouble "concentrating in school", "argues with adults", and is "easily distracted".

Uno de los puntos importantes de la ponencia de Presley fue el reclamo de que los maestros y el sistema escolar se han convertido en promotores, *pushers,* al apoyar lo que denomina *legal drogs pushing* y su exhortación de que contrario a esto deben hacer accesible a los padres la información sobre los efectos secundarios de los estimulantes y sobre la polémica que los rodea. Le parece una tragedia que los padres tengan que someter recursos legales para proteger a sus niños de la coerción que ejercen los contextos escolares.

Ante el mismo foro y el mismo día una madre, la Sra. Patricia Weather[46]

---

[45] Ver *Testimony by Lisa Marie Presley international Spoke person for Children Rights, for Citizens Commission on Human Rights International* , 26 de septiembre de 2002, *Committee on House Government Reform. Versión electrónica: http://www.ritalindeath.com/lisamariepresleytestimony.htm.*
[46] Ver ponencia: *Testimony of Patricia Weathers, President of Parents for Label And Drug-*

ofreció su testimonio sobre las experiencias traumáticas que pasó con su hijo cuando:

> His teachers filled out an alter profile for Boys, which is an ADHD checklist, and sent it to his pediatrician. This checklist, along with a 15 minute evaluation by the pediatrician led to my son being diagnosed with ADHD and put on Ritalin.

También en el mismo foro la doctora Mary Ann Block[47] afirmó:

> I have seen and treated thousands of children from all over the United States, who had previously been labeled ADHD and treated with amphetamine drugs. By taking a thorough history and giving these children a complete physical exam as well as doing lab tests and allergy testing. I have consistently found that these children do not have ADHD, but instead have allergies, dietary problems, nutritional deficiencies, thyroid problems and learning difficulties that are causing their symptoms. All of these medical and educational problems can be treated, allowing the child to be successful in school and life, without being drugged. …Since there is no valid test for ADHD, most doctors get the information for the diagnosis from the child teacher in the form of a checklist[48]. If the teacher wants the child to be taking these drugs, all she or he has to do is fill out the checklist indicating the child has many problems in the classroom.

La doctora Block propone en su ponencia otro tipo de acercamiento ya que

---

Free Education, en *Committee on House Government Reform*, 26 de septiembre de 2002, versión electrónica.

[47] Ver ponencia: *Testimony by Mary Ann Block, Osteopathic Physician from Texas,* 26 de septiembre de 2002, en versión electrónica.

[48] En Puerto Rico encontramos un ejemplo de la lista, que puede considerarse paradigmático, un libro que gira en torno a cuestionarios que cualquiera puede contestar. *Hiperactivo, Impulsivo, Distraído. ¿Me conoces?* Es necesario que las madres le pregunten a estos profesionales por la etiología de la enfermedad, ¿La conoce? y le pregunten qué es una *disfunción cerebral mínima* y qué neuronas están comprometidas.

según su experiencia el Ritalin hace que los síntomas empeoren y cita los informes del *Journal of American Medical Association* donde se indica la semejanza entre la cocaína y el Ritalin. Según señala, *Rytalin and cocaine are so similar that they are used interchangeably in scientific research*. La doctora habló además sobre la coacción del sistema escolar hacia los padres. Considero importante citar nuevamente a la doctora cuando hace recuento de los efectos secundarios que pueden ocurrir o han ocurrido según afirman los mismos que la producen:

> Insomnia, anorexia, nervousness, seizures,
> headaches, heart palpitation, cardiac arrhythmia,
> psychosis, angina, abdominal pain, hepatic coma,
> anemia, depressed mood, hair loss, weight loss,
> tachycardia, increased blood pressure,
> cardiomyopathy, dizziness and tremor to name
> few. These drugs are classified as schedule II
> controlled substances with high abuse potential.

El 10 de julio de 2003 el senador John Ensign presentó en el senado estadounidense un acta para proteger a los niños y sus padres de la posible coacción del personal escolar o del sistema educativo para administrar fármacos como una condición para recibir servicios educativos: "Child Medication Safety Act of 2003", "Estado", se define: *The term 'State' means each of the 50 States, the District of Columbia and the Commonwealth of Puerto Rico*. Cabe preguntarse por qué en los reportajes de la prensa en Puerto Rico sobre el TDAH ni siquiera se menciona el acta.

La revista *Mothering*[49] publicó un texto pertinente al tema que nos ocupa, especialmente en lo que concierne a la coacción que los sistemas educativos ejercen sobre los padres. Este texto fue escrito por Chris Mercogliano, quien por 26 años ha sido maestra de la escuela *Albany Free School* y codirectora por 14 años. Esta escuela no permite que sus 50 estudiantes, cuyas edades fluctúan entre los dos a los 14 años, sean medicados. Mercogliano afirma que cada año se incrementa el número de niños refugiados, *Ritalin refugees*. Después de exponer la situación de tres de estos niños, señaló:

> Why is it that these students, each with a history
> of academic and behavioral problems, don't need
> bio psychiatric drugs in our school? First of all, we
> believe that the existence of biologically-based

---

[49] *Here's a Real Drugs-free School*, Chris Mercogliano, *Mothering*, Recuperado en: http://www.mothering.com.

"disorders" such ADHD is a myth. Our
experience has confirmed over and over again
that, when you get to know the stories of kids…
You soon discover that what they are actually
suffering from is an inner distress that has clear,
nonbiological causes: physical and emotional
neglect or abuse, absent parents, marital discord,
excessive TV viewing, academic pressure, poor
diet, and sometimes a combination of the above.
These children don't "have" a "disorder", rather,
they are living in a disordered universe. Or in
some cases, they aren't suffering from anything at
all. They are simply more energetic or on a
different developmental timetable than the
currently perceived "norm".

Podemos decir que Mercogliano habla del fenómeno de la construcción y
habitación de los castillos en el aire. Un fenómeno que está más del lado de
la histeria colectiva y de la necesidad de control de los cuerpos que de las
supuestas entidades patógenas. En todo caso es un ente patógeno hecho de
palabras. A diferencia de otros entes textuales, éste tiene (con) secuencias en
el devenir de muchas vidas desde su infancia.

CAPÍTULO 2

UN NIÑO ES UN REHÉN[50]: FORMAS DE LA (A) DICCIÓN SOCIAL

> *…El amor parecía algo definitivo y aburrido; era el amor lo que había destruido a nuestros padres, lo que los había entregado a una vida de plazos de hipotecas y reparaciones en la casa, de trabajos sin el menor atractivo y pasillos fluorescentes de supermercado a las dos de la tarde… Michael Cunningham[51]*

Inicio este capítulo con el texto *Un niño es un rehén: formas de la adicción social.* Este texto surgió de otro anterior: *Un niño es un rehén: la psicometría como discurso del encubrimiento[52]).* Aquí escribí sobre los peligros de la psicometría para los niños. Con el paso de los años se transformó y fue presentado en la mesa: *Psicoanálisis y Violencia* en la serie de conferencias *Escenarios Crueles[53]*:

---

[50] El epígrafe es un fragmento citado del libro *Fuegos* de Margarite Youcenar (2000) España: Suma de Letras, Punto de lectura, pagina 42.

[51] De Cunningham (2004), *Una casa en el fin del mundo.* Barcelona: Quinteto, El Aleph Editores, página 197.

[52] Este último presentado a petición de la doctora Aysha Concepción Lizardi en una serie de actividades que coordinaba para el Centro de Salud Mental de la Capital en San Juan, Puerto Rico.

[53] Se llevó a cabo el 3,4 y 5 de abril de 2001 en la Universidad de Puerto Rico,

Estéticas y Signos de Violencia en Puerto Rico y Colombia. Así surge el título de este libro, del epígrafe de Margarite Youcenar *un niño es un rehén.* Es posible la repetición de planteamientos que tal vez expuse en el capítulo uno o expondré en otros capítulos, ya que el texto fue escrito para ser hablado.

Decimos violencia e intentamos simbolizar con esa palabra demasiados fenómenos. Eso que nombra el significante violencia tiene innumerables voces en su contra. Es un tejido hecho con los hilos de la retórica y su significación depende de cada instancia de enunciación en la que es pronunciado. Por ejemplo en la primera plana del periódico El Nuevo Día del pasado 10 de diciembre[54] leímos el titular: *Violento laberinto atrapa la niñez.* ¿Noticia de primera plana? El titular es metáfora de lo que ya debemos saber. ¿No está cualquier niñez atrapada por un violento laberinto? Cabe recordar la frase de Gastón Bachelard *me basta mi propia infancia para quedar destruido.* Otro titular *La niñez juega al crimen.* Más adelante, el 25 de febrero de 2001 leímos en el mismo periódico otros titulares: *Una odisea encontrar el cuido más confiable, Atrasada la isla en el cuidado infantil, Al garete la regulación de las guarderías.* Luego el 6 de marzo de 2001: *Trinan escuelas por clasificación de violentas.* Este último alude a la categorización de la gobernadora Sila Calderón y el Departamento de Educación de 29 planteles escolares como *escuelas violentas,* para, según dice la noticia *ampliar la vigilancia de la policía estatal y evitar incidentes violentos.* La gente de las escuelas que trinaron al criticar la gestión de la gobernadora señalaron que en lugar de más policías lo que hace falta son menos estudiantes en el salón de clases, más facilidades, corregir problemas de filtración, más talleres, entre otras.

Voces encontradas. Las oficiales que localizan lo que califican como *la violencia* en 29 escuelas consideradas *peligrosas* y las voces que se niegan a la categorización. Como sabemos no es la primera vez que se *localiza* eso que se llama *violencia* en zonas residenciales específicas del país. Ya nos parece normal el encierro de los controles de acceso para proteger las urbanizaciones del peligro que les viene de *afuera.* Una construcción de fantasmas colectivos que nos hace preguntar: ¿Dónde es el *adentro* y donde el *afuera?*, ¿Qué niños están *adentro* y qué niños están *afuera?* Es pertinente mencionar la noción de cronotopo según es trabajada por Bajtín aunque desplazada libremente para preguntar: Si los cronotopos (espacios/tiempos) son estructuras móviles que se construyen y que en este caso pueden utilizarse para la manipulación discursiva con propósitos políticos, ¿desde qué punto espacio/temporal observa e interpreta quien habla aquello de lo que habla? En el caso que me ocupa, los niños. ¿Es posible hablar desde un *afuera* de la *peligrosidad* y la *violencia* para clasificar 29 planteles como *violentos?*

Recinto de Rio Piedras.
[54] Periódico *El Nuevo Día* del 10 de diciembre de 2001.

¿Existen escenarios libres de "violencia" como se dijo antes de las zonas escolares libres de drogas y armas? Violencias simbólicas, imágenes del lenguaje, relatos sociales, retóricas que forman y conforman las maneras de vivir. Veamos algunas.

La dicción social, el decir de los discursos sociales pone en boga ciertos encuadres discursivos. Laberintos de significación. Pensemos por ejemplo en las significaciones diagnósticas con sentidos coagulados que al pasar de boca en boca se convierten en máscaras pegadas a la cara de cualquier niño. Dicciones que son manipuladas por las farmacéuticas. Ideólogas de ficciones útiles como: déficit de atención, bipolaridad, palabra dualista y artificio de moda: una fase de manía y otra de depresión, desbalance de Litio y los respectivos remedios narcóticos, las adicciones permitidas socialmente. Los diversos profesionales en representación de *la ciencia* que determinan *lo sano, lo normal, lo patológico* y junto a las farmacéuticas, tratan a mamíferos y no a niños con particulares historias personales vinculadas a un padre y a una madre. Disociación entre lo orgánico y lo psíquico. Olvidándose que en la complejidad de las posibilidades del drama familiar existe una gran heterogeneidad en las formas de ser padre o madre. Estos pueden ser tiernos o caníbales del amor-succión, pueden ofrecer sus brazos amorosos o *suicidar* al niño, pueden respetar la línea imaginaria del cuerpo de los niños o abusar sexualmente sin su consentimiento, pueden permitir la pulsión de vida o disparar la pulsión de muerte y matarlos. Como en el caso reciente en que un joven adicto a la heroína, mata a mordidas a su bebé.

Estas dicciones, convertidas en dictadura de la palabra olvidan las complejidades de la antigua institución de la familia. Ya no sorprende que se diga que según se define *violencia* ésta es intrínseca a la institución familiar. Se habla de su malestar. Este malestar se le atribuye al niño y se localiza en su *interior*. Por esto lo evalúan psicométricamente, lo medican, le ofrecen *tratamientos* de modificación de conducta. Y entonces olvidándose también de la violencia constitutiva de las instituciones escolares, se inventan procedimiento lógicos de referidos a psicólogos o psiquiatras y se culpabiliza a algún personaje de la trama familiar por ese problema *interno* del niño. La crueldad, recuerda Nietzsche y tantos otros, es metáfora de la vida y es inherente al amor. Pertinente la pregunta de Nietzsche: *¿no es preciso empezar por odiarse, puesto que es preciso amarse?* Una forma de enfrentar la razón fetichista es hacer el vacío. Esa razón, puesta como fetiche que ocupa el lugar del vacío, crea un teatro: el de la *unidad familiar*, el del *yo fuerte*, el del cuerpo y su unidad ilusoria. Por ejemplo pensemos en la razón que permea en la *Declaración de los Derechos del Niño* proclamada por las Naciones Unidas: *Considerando que el niño, por su falta de madurez física y mental, necesita protección y cuidados especiales*, etc. la proclama tiene el propósito de *que pueda tener una infancia feliz y gozar, en su propio bien y en bien de la sociedad, de los derechos y* *libertades que en ella se enuncian...* Nótese que se dice que los derechos y libertades se enuncian. Entonces podemos considerarlos mitos filosóficos. Otro laberinto de significación. El intento de llenar un abismo, un hueco, con una verdad sobre los niños, un discurso que pacifique, un espejismo totalizador, se apoya en la (a) dicción, la sin dicción que producen los psicofármacos y otras drogas bendecidas por los saberes profesionales.

Para atravesar esos espejismos ¿acaso no sería necesario el grito inesperado, la violencia, la subversión simbólica que haga estallar ese discurso coagulado? Cuando, queriendo justificar el uso de los medicamentos, se me pregunta: ¿y qué vamos a hacer entonces con el coraje de los niños? Contesto como le escuché a una teórica norteamericana: dejar que ocurra. Aunque me parece que esa ocurrencia, esa irrupción se desencadena más allá de si le demos paso o no. Se podría desencadenar no obstante una violencia simbólica a la retórica de los diagnósticos que predican a los niños y que generan la prescripción medicamentosa y su narcotización. Pues el niño es rehén de encuadres discursivos. Rehén en el encierro domiciliario de reducidos espacios de libertad, en las comunidades, rehén en los contextos escolares con estructura carcelaria y rehén en instituciones despóticas: sus propias familias. En el pasado año fiscal 42,000 niños fueron abusados por sus familiares según dicen las estadísticas oficiales del Departamento de la Familia y según leímos en la noticia de primera plana el pasado 29 de marzo[55]. Por cada caso informado hay tres que no se reportan.

Por esto llama la atención el simplismo de los análisis publicados en la prensa de parte de psicólogos y psiquiatras cuando explican lo que le pasó a las estudiantes que mutilaron a otras estudiantes, una de las cuales se dio en una escuela pública de Bayamón y del caso reciente de la joven que mata a su madre. Los análisis van desde culpabilizar a las madres a diagnosticar a las estudiantes como *locas*. Todo menos desplazar la atención hacia el malestar de las instituciones y el laberinto complejo del plurilingüismo social.

En cuanto a los contextos escolares, si reinterpretamos las estadísticas alarmistas que ofrece la prensa, respecto a los niños diagnosticados con la entidad fantasmagórica *Déficit de atención e hiperactividad*, ¿podríamos decir que las escuelas pueden ser productoras de problemas de enseñanza con investidura de *Problemas de Aprendizaje?* La primera plana del periódico El Nuevo Día del 11 de marzo de 2001: *Azotan los Problemas de Aprendizaje*. Se dice en la noticia que durante el año escolar 1999-2000, 27,313 estudiantes fueron diagnosticados con *problemas específicos de aprendizaje*, sin contar otros diagnósticos. El Departamento de Educación destina 171.6 millones para la

---

[55] Periódico *El Nuevo Día* del 29 de marzo de 2001.

población de estudiantes registrados en Educación Especial. Lo que está excluido del análisis es la pretensión del contexto escolar de construir una enseñanza homogenizada. Esta gestión no entiende la heterogeneidad en los estilos de aprender de los niños, las voces de su inevitable descontrol, sus formas de vivir y simbolizar las experiencias del escenario escolar. Entonces se interpreta como un *déficit*, un *problema interno*, un *síndrome de hiperactividad* lo que no es sino una forma de decir/vivir su infancia. Me pregunto ¿cuándo ocurrirá la declinación de los diagnósticos de *déficit de atención*? o ¿acaso tendremos que esperar a que psicólogos, psiquiatras, neurólogos y otros hagan una patogénesis a toda la población de niños? No siempre se entiende que es preciso callarse para escuchar esos modos de expresión tan metafóricos, latentes y sublimados que caracterizan a todo ser hablante, esos modos de la palabra que es necesario escuchar con incertidumbre y atención. La patologización tiene más eficacia simbólica. El peso de una palabra tranquilizadora que encubre el vacío y que nos sirve un menú con una lista de síndromes. Hannah Arendt[56] describe mejor estos síndromes: *clichés, frases hechas, adhesiones a lo convencional, códigos estandarizados de conducta y de expresión cumplen la función socialmente reconocida de protegernos frente a la realidad, es decir, frente a los requerimientos que sobre nuestra atención pensante ejercen todos los acontecimientos y hechos en virtud de su misma existencia.*

Por otro lado y por si esto fuera poco tenemos las supuestas escuelas innovadoras, unos negocios que supuestamente saben cómo *respetar* el criterio propio de los niños, pacifismo *New Age* que construye un mundo supuestamente flexible para encubrir la intolerancia y el autoritarismo. El niño montessoriano puede ser colocado en una idealización extrema del mundo interpersonal para vivir la *inadaptación* rebelde y estrepitosa cuando tiene que ser ubicado en otra escuela. Ahora el secretario de Educación promete incluir el método Montessori en las escuelas públicas, presagio de una gran ingenuidad en el análisis de la situación de las escuelas. Un análisis que no roza el horror que no se quiere ver. Esto se parece a lo que Edgar Morin[57] denominó *una inteligencia ciega*, sin complejidad, con *pensamientos que separan las cosas en lugar de conectarlas entre sí*.

¿Cuál es nuestro *ideal* del niño? ¿El bien educado? Esos niños que la psicoanalista Francoise Dolto[58] denomina y cito *niños del sadismo*: "*están tan angustiados que sonríen todo el tiempo; una sonrisa coagulada como para dar placer al otro, tanto temen que el otro, si ellos no se muestran contentos, los agreda*". Niños muchas veces metáfora de la angustia de sus padres ¿Niños ángeles?, opuesto binario del niño pequeño monstruo que habla mucho: en este caso

---

[56] Arendt, H. (1995) *De la historia a la acción*. Barcelona: Paidós.
[57] En Cue, A. *Por un pensamiento Complejo*. En *La Jornada Semanal* 27 de julio de 1997.
[58] Dolto, Francoise (1996) *La causa de los niños*. Argentina Paidós.

el habla convertida de virtud en defecto. ¿Niños de *buena conducta* y *buen aprendizaje?* que no estén recortados de manera extraña, que no pongan su contestataria música rap muy alta, que no se pongan muchas pantallas, que no tengan tatuajes, que no digan *malas palabras*, imaginemos lo demás… Las calles de hoy. Los cronotopos de la calle pueden ser muy otras y no como las que construyen los sentidos comunes. Las calles, como los cuerpos dependen de cómo uno las viva. Las calles se hacen.

Nuestros fantasmas sobre lo que es *normal* para un niño incluye los discursos predominantes sobre lo que debe ser una familia. Si el niño proviene de una pareja que no existe como tal, queremos obligarla a existir Esto en lugar de pensar que el niño podría enfrentar y entender las particularidades de su específica situación de vida. Por otro lado en el laberinto de las significaciones también está la estrategia de culpabilizar a las madres entrampadas en una cierta forma de maternidad, en perjuicio de otras dimensiones de su vida. Y esta trama fantasmal, como una camisa de fuerza, no permite pensar en formas alternas de convivencia. Por ejemplo en que no necesariamente tenga que implicar problemas el que sean otros en una familia los que asuman la responsabilidad de la crianza y no los progenitores que no la desean. Esta última alternativa genera que los profesionales de ayuda hablen de profecías sobre traumas futuros. ¿Acaso no habría otras formas de pensar la convivencia?, ¿Acaso podemos afirmar tranquilamente que todas las parejas que engendran niños los desean y quieren?

Hannah Arendt[59] nos dice y cito que *la violencia a diferencia del poder es muda: comienza allí donde acaba el discurso.* Por esto el titular mencionado de *"la niñez juega al crimen"* nos puede hablar de la dimensión pulsional que está en juego, eso que mueve a decir y no dice y que nosotros, *los expertos en la niñez* queremos hacerle hablar en lugar de callarnos para escuchar. Podemos empezar por hacer la violencia en los discursos unitarios, coagulados y enajenantes alrededor de los niños.

Digo que el niño es rehén por ser una de las poblaciones de mayor manipulación biopolítica. La posibilidad que nos mencionó Fukuyama en su texto *El fin del hombre*[60] de que los afectos puedan controlarse por la vía farmacológica como he elaborado en el capítulo uno, ya es una vivencia diaria, una forma de existencia cotidiana de miles de niños en sus hogares y en sus escuelas. Como si las escuelas no fueran lo suficientemente adormecedoras, si se piensa en los currículos rígidos y las dinámicas autoritarias en el ejercicio del poder, la farmacología tiene un ejército de *Pushers* dispuestos a probar la efectividad de la medicación. *Es criminal,*

---

[59] Arendt, A. (1995) *De la Historia a la Acción.* Barcelona: Paidós, p.30.
[60] Ver Fukuyama (2002) *El fin del hombre* Madrid: Punto de lectura.

repito uno de los enunciados citados en el capítulo anterior. Como los niños son otro de los sectores arrinconados, encarcelados sin necesidad de barrotes, son impotentes ante el poder avasallante y sutil de la farmacología cosmética. Las afirmaciones de la propaganda psicofarmacológica se constituyen en una segunda naturaleza y es difícil notar las formas inesperadas que asumen sus manipulaciones.

Esta situación carcelaria toca a sus padres, pues éstos a su vez pertenecen a sectores que viven la inequidad, según confirman los mismos estudios de salud mental que cité en el capítulo uno. Además de la inequidad viven la exclusión, las muertes cotidianas donde los victimarios son por su historia de sufrimientos, víctimas, los diversos maltratos institucionales, la hipocresía paternalista de los programas de política pública supuestamente para su bienestar.

Pero los niños son manipulados también por los diversos *profesionales* que bucean los fondos federales y estatales para hacer investigaciones insulsas e ingenuas cuyos resultados conocemos antes de que se lleven a cabo[61]. Esto es una forma siniestra y poderosa de capitalizar con los niños y los jóvenes, capaz de los actos más horrendos y a la vez más disimulados contra quienes consideren sus opositores. A los millones de dólares tendríamos que oponerle millones de pensamientos críticos e impugnadores de esa forma de investigar, de ese control biopolítico. Esta gestión para que así los padres y madres no se presten para participar de ese espectáculo adjetivado como científico. Recuerdo aquí una frase escrita en el encabezamiento de la pizarra del salón de ciencia cuando estudié noveno grado: *La ciencia es el camino que conduce a la verdad.* Pronto confirmé el carácter político de esa aseveración que mi maestra de ciencia tal vez no sospechaba. Me refiero a esos discursos pseudocientíficos que utilizan los discursos de la ciencia para sus fines mercantiles y también me refiero a esa ciencia aliada a instituciones con suficiente poder económico como para hacer parecer verdad ficciones útiles. Las ficciones que han producido el genocidio silencioso de la narcotización de nuestros niños.

---

[61] En el periódico El Nuevo Día del 4 de junio de 2004 se publica una nota de prensa asociada donde se señala que *el Instituto Nacional de Salud Mental de Estados Unidos concedió una subvención a un catedrático de Sicología del Recinto Riopedrense que investiga la depresión severa en jóvenes… el financiamiento económico del proyecto es de $2.3 millones …* En la descripción que se ofrece sobre la investigación un lector atento puede saber cuáles serán los resultados ya que *compararán la eficacia y efectividad de las intervenciones constituidas por la presencia y la ausencia de los padres como parte del tratamiento.* Uno se pregunta cómo es posible que se haga esta asignación millonaria para elucubrar enunciados de ficción. Para *investigar* si es importante o no la presencia de los padres. Aquí conviene referir al lector a los textos críticos del NIMH en lo que tiene que ver con sus alianzas.

Fukuyama en el texto *El fin del hombre* considera que el Prozac y el Ritalin *constituyen un presagio de lo que nos espera,* aunque él no los considera intrínsecamente malos. Dejemos de lado lo intrínseco, que suena a esencialismos de variada índole y atendamos lo que Fukuyama dice sobre el control social. Este podrán ejercerlo agentes distintos a los estados: los padres, los maestros, los sistemas educativos, los profesionales de la salud. De esta manera, la biotecnología se utilizará para *obtener potentes atajos biológicos encaminados a la consecución de fines políticamente correctos.* Prozac y el Ritalín son sólo la primera generación de fármacos psicotrópicos. Con el mismo ritmo del despertar de la gente así serán sustituidos por otros que tengan efectos más específicos o que hagan olvidar los efectos secundarios. Dicho de otra manera los fármacos psicotrópicos tendrán consecuencias políticas. Esta consecuencia ya la vivimos. Fukuyama afirma que otras formas de tratamiento, como el psicoanálisis, han caído en desgracia. Aquí tengo que recordar que todo pasa y todo queda. Los que hemos estado en las prácticas psicoterapéuticas sabemos que un fármaco nunca puede encubrir por mucho tiempo aquella palabra que tiene que ser dicha y que aunque las experiencias de la palabra se consideren un rodeo o una forma más difícil de enfrentar los problemas, son imprescindibles para salir de muchos atolladeros psíquicos.

En lo que respecta a proveer a los niños espacios de libertad para desplazar su palabra, estamos en una triste situación en lo que se refiere a la isla de Puerto Rico. No se ofrecen muchos espacios para que se desplace su palabra y los servicios de ayuda psicoterapéutica no son suficientes. ¡Cómo aparecen representados sus necesidades en los discursos de la politiquería, en aquellos de los *profesionales de salud,* y en aquellos que tienen quioscos educativos para nutrirse de ellos! ¡Cómo se refieren a ellos de forma tan paternalista! ¡Cómo se reducen sus palabras hasta borrarlas! Esas palabras de los niños dirigidas a la nada de la incomprensión, esas frases metafóricas, enigmáticas que requieren voluntad de interpretación de parte del que escucha. Esas palabritas tímidas, elípticas, que nunca llegan a pronunciarse. Esas palabrotas violentas hijas de la rabia, que se destilan de las líricas de rap *underground.* ¡Qué delicadas, comparadas con la palabrería de algunos funcionarios gubernamentales! Esos *slogans* que han escuchado de sus padres y que repiten sin mucha convicción. Esas palabras rítmicas, entonadas, liberadoras de su ira, que escuchan en los diversos géneros musicales del rap. Y las palabras insultantes que escuchan de algunos de sus maestros, hirientes para su autoestima, coagulantes de sus traumas. Esas graciosas palabras que se dicen unos a otros, colmadas de neologismos inesperados. Las palabras que usan para nombrar sus maestros. El plurilingüismo social que mencioné.

El niño es rehén de los discursos en la sugestión de la propaganda. Ya lo notamos en el primer capítulo con las sugestiones de las farmacéuticas, con sus *mensajes educativos*. Como Debord[62] elaborara, todos los espacios existenciales pertenecen a la sociedad del espectáculo. Es difícil pensar en uno que sea *libre* de inducciones sugestivas. El mismo espacio familiar está invadido por cuentos de Hadas, por los *Bigliars*, y la propaganda de las diversas instituciones. Recordemos que la familia es también una institución que a la vez obliga y sujeta a sus miembros con nudos rígidos, con dinámicas tiránicas.

Pensemos un poco sobre el asunto de la familia. En algunos discursos religiosos se considera la institución de la familia como un contexto intrínsecamente bueno. El imaginario cultural concibe la estructura familiar como imprescindible para el *bienestar* de los niños. Los fundamentalismos religiosos hablan de los índices divorcio y culpabilizan especialmente a las mujeres por no saber *sobrellevar* los matrimonios. Muchos discursos de crítica cultural han puesto en cuestión la institución de la familia como panacea, como remanso de paz para sus miembros. No obstante la institución de la familia es impermeable a las críticas ya que sus alianzas y manipulaciones son reciclables y sirven a intereses mayores. Las instancias familiares son políticas pero también existen las políticas de las relaciones. Cito como ejemplo el relato de la escritora Cristina Peri Rossi *La sintaxis*[63]. Aquí una hija alude a la relación de sus padres, a su vida enquistada en ésta y la compara con una gran intensidad metafórica con *la gramática conocida, la sintaxis rígida*. Gramática y sintaxis, aluden aquí a un orden simbólico previo a nuestra inserción como sujetos hablantes pero también a unas relaciones imaginarias, que nos entrampan irremediablemente como tatuajes en nuestra psiquis. Refiero aquí a los lectores a la lectura de una fascinante novela de Michael Cunningham, *Una casa en el fin del mundo*[64]. Aquí cada capítulo es narrado por cada personaje desde su cronotopo particular en lo que constituye un análisis cuidadoso sobre cómo nos atrapan los contextos familiares. Nos presenta algunas preguntas sobre la posibilidad de otras formas de relaciones familiares que no estén necesariamente vinculadas a los lazos sanguíneos.

Notar que la familia contiene en su dinámica la suficiente tiranía como para desatar horrendas consecuencias, pasajes a actos criminales, requiere mucha honestidad en el análisis. La misma que no encontramos en las propuestas de la familia como una solución para los problemas asociados a la criminalidad. Recordemos como un ejemplo las estadísticas sobre violencia

---

[62] En Debord, G. (1999) *La Sociedad del espectáculo*. *España:* Pre-Textos.
[63] Ver de Peri Rossi (2004) *Por fin solos*. Barcelona: Lumen, páginas 61 y 67.
[64] Ver de Michael Cunningham (2004) *Una casa en el fin del mundo*, Barcelona: Quinteto, El Aleph Ediciones.

doméstica en la isla de Puerto Rico[65]: 20,935 incidentes de violencia doméstica reportados por la policía en 2003, 18,036, el 86% de las víctimas, mujeres y los ofensores tienen entre 20 y 49 años. Esa posibilidad de los sistemas familiares de convertirse en máquinas generadoras de actos criminales transcurre entre los silencios y las palabras de la *gramática conocida* y *la sintaxis rígida* mencionada por Peri Rossi. Es decir en el silencio que parece inofensivo de las cuatro paredes de un *hogar*. Pero también entre palabras insultantes y bofetadas para *disciplinar* o con la ayuda de las pastillas para el control social.

Esos actos invisibles de sugestión hipnótica de investidura libidinal nos parecen *normales* y son cómplices de esta dinámica tan compleja. Por ejemplo la marcha ritual de una novia *entregada* por su padre a su *esposo* o los múltiples *reinados* que leemos en la prensa, *su majestad* fulana, *reina* de esto y de lo otro, los rituales patriarcales para las quinceañeras, las despedidas de soltera... Esto no nos parece atroz, a esto asistimos con los disfraces de la hipocresía social, con la disposición para la embriaguez y la seducción social, con la resignación de entregar las hijas a la cultura. En esto no se piensa, en esto se participa y allí están los niños con su mirada de asombro, con sus zapatos apretados o con la risa nerviosa de la comparsa fatal.

Estas instancias de represión invisible, no manifiesta, son fácilmente pasadas por alto en muchos análisis. La familia entonces no es punto de partida intocable en el análisis, un postulado previo sino debe ser el punto de llegada. Esto porque se trata de un sistema muy complejo que no es tan inocente. Existen textos que nos iluminan en este tema. Por ejemplo los de Jacques Donzelot y Phillippe Aries[66]. Nos ayuda para el análisis, explorar textos ubicados en literatura, como los trabajos de Peri Rossi y Cunningham, por mencionar sólo dos. Nos pueden ayudar a notar los hilos invisibles, las posibles tiranías familiares y la rigidez de las instituciones sociales cuando se niegan a aceptar que la familia está puesta en cuestión. Que existen otras formas de estructuras familiares y que presenciamos una sobrevaloración heterosexista de la familia, imaginada y canónica, como la única forma por excelencia, de entender un sistema que se ha transformado. Los que hemos tenido que estudiar la exploración de dinámicas familiares sabemos que la gente no necesariamente ciñe su vida y relaciones a una definición tradicional de lo que es una familia. Sabemos que la gente se relaciona de muchas formas. No obstante la noción tradicional tiene un poder avasallante y nosotros los hablantes la reproducimos por vías

---

[65] Ver *Ayuda contra la violencia doméstica*, (Patricia Vargas) en El Nuevo Día, 24 de julio de 2004, página 12 y 25.

[66] Ver de Donzelot, J. *El complejo tutelar* y *La conservación de los hijos* y de Aries, P. *El niño y la vida familiar en el antiguo régimen*, (versiones electrónicas).

inconscientes. Cabe mencionar la moda que ha surgido en el 2004 de los automovilistas en Puerto Rico. La personas poner pegatinas en los cristales traseros con muñequitos que representan sus familias, niños, niñas y hasta perros y gatos[67]. Esta moda me hace recordar un texto[68] del filósofo Gianni Vattimo donde señala que la *conciencia común* tiene unas necesidades que están fuera de los esquemas críticos de la ilustración. El análisis de esta moda requiere una elaboración mayor. Sólo quiero decir que me parece una especie de *performance* en tiempos de desesperación, un replegarse a la institución tradicional de la familia, especialmente ante la sospecha de que la familia pueda ser una institución caduca, desgastada, en estado de sitio o al menos problemática.

El niño es rehén de estas dinámicas. Es objeto de muchos discursos e intereses que intentan resolverse con un monolingüismo: la novela familiar. Es necesario buscar otras maneras de decir e interpretar la vida que estratifiquen las formas monológicas, las que ubican a todas las familias en un círculo único y homogéneo de tradición y patriarcado.

---

[67] ¿Es metafórica o sublimatoria de un estado de crisis?, ¿Es una defensa de la familia tradicional como solución desesperada? Curiosamente y en respuesta a esas pegatinas hay otra que dice algo como: *si me tocas bocina le arranco la cabeza a tu familia.* Aparecen en otra los muñequitos sin cabeza.

[68] Ver de Vattimo texto electrónico *La huella de la huella.* En revista electrónica, *Fractal.*

CAPÍTULO 3

LA VIOLENCIA DE LOS SÍMBOLOS: ¿VIOLENCIA ESCOLAR O IMPERIO DEL ESTIGMA?

> *Cada vez me doy cuenta que el ser*
> *humano es el animal más animal del*
> *mundo. Tego Calderón*[69]

En este capítulo *La violencia de los símbolos* se desplaza algo de lo que he pensado en estos años donde tanto se ha escrito sobre la violencia y la violencia escolar.

Empiezo con una carta que escribí al periódico Diálogo de la Universidad de Puerto Rico y que se publicó en la edición de febrero de 2004. La carta contenía mis comentarios sobre el Reportaje *Violencia escolar, un reto socio-educativo* que el periódico había publicado en la edición de enero de 2004. Incluyo la carta como inicio al tema para no perder la intensidad de algunos planteamientos aunque algunos de los mismos se elaborarán con más

---

[69] Cita del reportaje *Tego Calderón desnuda su alma* (Frances Tirado) del periódico Primera Hora, 16 de junio de 2004, página 52.

detalle. Otros se han elaborado en otras partes de este libro. A continuación la carta, algo modificada para este libro:

En el análisis de los psicólogos que fueron entrevistados para este reportaje es preocupante la forma como se refieren al niño. El énfasis discursivo de las aseveraciones de los psicólogos en el reportaje sobre violencia escolar, en enero 2004, puede sugerir que una vez los niños sean *identificados* y debidamente diagnosticados el problema de la violencia escolar se atenúa o no *aumenta*. Sería necesario aquí un análisis que no tenga timidez a la complejidad. Esto así porque el foco de atención, el ojo analítico se fija en el niño que ha sido estigmatizado de mil y una formas con diagnósticos que se ha convertido en máscaras pegadas a su cara. Por ejemplo pensemos en el diagnóstico de bipolaridad de claro corte dualista. Propone el binarismo manía-depresión. ¿No existen otras maneras de referirse a los afectos?

¿Cuál es la esperanza de los psicólogos, que los niños sean evaluados con las famosas "baterías psicoeducativas" y debidamente diagnosticados? ¿El problema será que los niños necesitan ser evaluados o tiene que ver con las múltiples complejidades del escenario escolar? Es preocupante que los análisis desplieguen un pensamiento tan ingenuo y empirista que no se percate de que el discurso resultante pone el problema en la "psiquis" del niño y no en los contextos sociales ecológicos que condicionan su subjetividad. Entonces escandaliza que se refieran con tranquilidad a que "están aumentando los casos de bipolaridad en las niñas" cuando la famosa bipolaridad parece más una ficción útil a las farmacéuticas y perniciosa para los niños. Se ha esparcido mucha tinta filosófica al respecto como para no notar el invento y habitación de los castillos en el aire que Marx mencionó.

¿Cómo ayuda a la niña que en mi quehacer como psicóloga la rotule como *bipolar* o con *Déficit de Atención*? Es aquí donde podríamos pensar en los psicólogos como una parte cómplice del sistema de estigmatización a siniestra de niños y niñas. Es aquí donde las madres tendrían que globalizar la resistencia a esos diagnósticos que durante tantos años no han representado ningún beneficio para sus niños.

¿Qué sectores resultan estigmatizados en esta suerte de *biopolítica de los campos de concentración*[70]? Esta expropiación de la experiencia del niño, quien nunca podrá autodenominarse *bipolar* o con *déficit de atención*, los famosos *trastornos heredados*. Heredados, sí, de una tradición de pensamiento. Una herencia positivista, binaria, medicamentosa. Esta semiología que construye al niño como *enfermo mental* y adormece nuestro pensamiento al proponer

---

[70] Decir de Daniel Link en su encuentro con el filósofo Giorgio Agamben.

que lo que hace falta es que el secretario de Educación, contrate muchos psicólogos para diagnosticar y *tratar* a los trastornados. No me extrañaría que si él ha notado esta sutileza, piense mejor en apoyar programas de manejo creativo de conflictos en los distintos niveles del sistema educativo.

Digo que esta semiología acalla la voz del niño porque sujeta su expresión en categorías duales y rígidas. Es grande la anestesia. Ante esta anestesia del pensamiento tendríamos que invocar una violencia. La violencia de los símbolos, como aconsejara hace tiempo el sociólogo Bordieu. Una violencia que despierte otros sentidos, que potencie otras formas de pensar, porque violencia también es la que se ejerce en el espacio anímico de una madre o un padre cuando ellos escuchan que su hijo es *bipolar, trastornado*. Violencia también es la que el niño vive cuando encarna y desplaza su diagnóstico al asumir su máscara, que oculta-devela, tranquiliza a los padres y los hace pensar que no están implicados en ese sistema de significación existencial.

Los cambios no son tan necesarios en el plantel escolar como lo son en la manera como lo simbolizamos. Es aquí donde los maestros de la sala de clase, héroes sin medallas, tendrían *un mucho que decir*, como escribió la poeta Ángela María Dávila. Los cambios son más necesarios en el campo de la palabra que en el campo de la supuesta realidad.

Mi carta es un susurro comparada con la gran cantidad de escritos, ensayos y cartas publicadas en los diversos periódicos del país sobre el tema de la violencia y la violencia escolar en Puerto Rico. Me dispuse en estos meses de furor epidémico de significación a seguir la pista de los análisis y comentarios publicados en la prensa del país. Concluyo que en la gran mayoría de éstos falta identificar y exponer el fenómeno del estigma. También faltan las voces de los niños y jóvenes, falta la complejidad y sobra el simplismo[71]. Son otras las voces que de alguna manera preliminar y modesta convendría escuchar en *amplitud modulada*. Veamos.

En este tema de cómo se disemina la violencia, existen textos que demuestran intentos de dar cuenta de esta experiencia. Uno de los trabajos que considero necesarios es el del filósofo Giorgio Agamben[72]. Me parece

---

[71] Es preciso mencionar como excepción el reportaje publicado por el periódico *Diálogo* (enero 2004) que fue un intento de explorar alternativas. Menciono especialmente el ensayo de Madeline Román publicado en la edición mencionada *Ante lo criminal: una alternativa con sentido*. También ver su texto *Reviviendo muertos: la sociobiología y el estudio de la violencia*, Periódico Diálogo, edición de mayo de 2004, página 21. Aquí la doctora Román alude entre otros asuntos a lo estéril del biologismo como forma explicativa de la violencia, que se recicla a la menor provocación.

[72] Consultar de Agamben, entre otros, *Homo Sacer. El poder soberano y la nuda vida* Valencia, Pre-Textos, 1998.

muy fértil la noción de biopolítica o de politización de la vida, porque no se puede soslayar el carácter biopolítico de la violencia. En esto tenemos que remontarnos a los importantes trabajos de la filósofa Hannah Arendt[73] que nos habla de que la violencia es muda, comienza allí donde acaba el discurso, irrumpe. No es este el espacio para indagar sobre las diferencia entre Arendt y Agamben[74] sino en pensar gracias a sus nociones. Encontramos en estos y otros textos la afirmación de que este proceso de politización de la vida, especialmente de escisión y exclusión, se considera la experiencia política más común. Duarte señala en el texto citado antes que *la biopolítica puede definirse como la concentración cíclica entre producción y reproducción de la vida del hombre en cuanto "animal laborans".* Toni Negri y Michael Hardt[75]af irmaron que *En la esfera biopolítica la vida debe trabajar para la producción y la producción para la vida.*

Pensemos con la ayuda de Arendt y notemos la relación dialógica con el planteamiento de Dillier, citado en el primer capítulo, de que ese léxico, con apariencia de ciencia: *de los neurotransmisores, de la dopamina, del ADHD,* es el desplazamiento de un espacio cíclico donde el *animal laborans,* sin tiempo que perder y menos dedicar a niños que con él convivan, tiene a su haber un fármaco que le permite la convivencia adormecida en estos campos de concentración. Mientras esto permanezca y persista, los totalitarismos de los que habló Arendt no pasarán.

Los niños, esos que Fukuyama ubica en los extremos de la curva normal o campana de Gauss, si no se narcotizan caen tal vez en el espacio de la "nuda vida", de la que habla Agamben, de las vidas del plus de violencia y racismo a las que si se les da muerte no se considera un crimen. Otra manera de decirlo es que la patologización y narcotización son maneras de dar muerte, crímenes con investidura de paz.

Agamben[76], en su texto *Infancia e historia* escribió:

> … La actual toxicomanía de masas debe ser vista en la perspectiva de esa destrucción de la experiencia. Quienes descubrieron la droga en el siglo XIX, todavía podrían abrigar la ilusión de que efectuaban una nueva experiencia, mientras

---

[73] Ver Arendt, *Los orígenes del totalitarismo* y *La condición humana.*

[74] Para consultar un texto del tema ver Duarte, André (2004) *Biopolítica y diseminación de la violencia,* en Revista Pasajes (Número 13,, Universidad de Valencia, diciembre del 2004.

[75] Me refiero al texto *El imperio* Versión electrónica).

[76] Agamben, G. (2001) *Infancia e historia: ensayo sobre la destrucción de la experiencia.* Argentina: Adriana Hidalgo Editora, p. 13.

que para los hombres actuales ya sólo se trata de
desembarazarse de toda experiencia.

Unas vidas *Dead life*, sedentarias frente a juegos de *Nintendo* o *Gameboy*. Con
la atención enfocada en tareas escolares gracias a un fármaco, sin tiempo
para disfrutar del ocio, de un paseo, sin tiempo para hacerse amigo de los
árboles, sin tiempo para conversar con sus padres sobre temas que no estén
asociados a las tareas escolares y asignaciones. Se pierde el sentido usual de
lo que la palabra vida nos puede sugerir. El análisis de lo que consideramos
violencia ha sido propagandístico, vociferante, histérico, desesperado,
enfocado a remediar: Que se asignen tantos policías, que se contraten tantos
psicólogos, que se contraten tantos trabajadores sociales por escuela. El
análisis debe ser calmoso, con sosiego, con el tiempo que el tema requiere,
con las preguntas que irrumpen insistentes, con el darse cuenta de que la
violencia es fundante y constitutiva de la vida.

Un gran sector de los niños, reciben en su cuerpo los golpes que le
propinan los *animals laborans*. Golpes que luego se convertirán en tatuajes
psíquicos. Si en los textos de teoría feminista se afirma que el obrero más
explotado tiene en su casa una mujer a quien explotar, podemos imaginar la
situación de los niños. Estos reciben las angustias y frustraciones *de sus
progenitores*. Angustias convertidas en bofetadas, humillaciones e insultos. Sus
progenitores también han sido golpeados y manipulados en los múltiples
laberintos de los campos de concentración social. En octubre de 2003 asistí
a la reunión del Departamento de Salud de Puerto Rico, donde se entregó el
Informe Mundial de la Violencia y la Salud. Allí escuché al secretario de
Salud, decir que diariamente en Puerto Rico 149 niños son abusados, 24
mujeres maltratadas y 40 adolescentes embarazadas.

El análisis de la situación de los niños no puede separarse del análisis de la
situación de sus madres y de sus padres. Una madre jefa de familia está en
una desventaja laboral mayor que un padre jefe de familia. La secretaria de
Justicia[77] declaró en septiembre de 2003 que el 50% de las mujeres han sido
maltratadas físicamente alguna vez por su pareja, que una de cada cinco
abusada durante la niñez y que el 22% de las jóvenes activas sexualmente
antes de los 13 años dicen que su primera relación sexual fue forzada. Una
profesora de la Universidad de Puerto Rico[78], señaló en marzo de 2004 que

---

[77] Ver el reportaje del periódico Primera Hora de 28 de septiembre de 2003 (Miried
González Rodríguez).
[78] Ver Primera Hora del 2 de marzo de 2004, *Con muchos deberes y cero derechos* (Sara
M. Justicia) un reportaje sobre el libro de la profesora María Echaustegui, donde
elabora su investigación. Ver además El Nuevo Día, 2 de marzo de 2004,

se estima en más de 330,000 las mujeres con hijos menores que trabajan en el hogar. Esto representa el 14% del producto bruto y se dice que si ellas decidieran detener sus tareas y contratar a alguien el producto bruto de Puerto Rico, crecería en un 20%. La profesora afirma que ellas han dedicado sus vidas al trabajo del hogar, pero van a llegar a su vejez desamparadas. También habló sobre la brecha entre el salario de los hombres y el de las mujeres, éstas ganan menos con las mismas tareas, mayor salario, mayor la brecha.

Ante este panorama de maltrato, de inequidad, de dolor, no sorprende que muchos opten por la salida rápida de la *toxicomanía de masas*. Ya las denominadas masas han captado el mensaje y como señala Agamben, el rechazo a la experiencia por la vía toxicómana, se ve como una defensa legítima contra la destrucción de la experiencia. En abril del 2004[79] leímos una noticia: *Robo de medio millón de pastillas Xanax en Pfizer*. En el reportaje se señaló que existe un contrabando de estas pastillas, destinadas a Japón cuando fueron robadas. Cada una de estas tiene un valor aproximado en la calle entre $10 y $20 y se utilizan para bajar los efectos del consumo de cocaína.

El titular de un periódico: *Trágico fin de un estudiante*[80], en marzo de 2004, desató comentarios, polémicas y discusiones a granel, sólo interrumpidas del espacio de los periódicos por los comentarios sobre la película, *La pasión de Cristo*, fenómeno festivo de atracción-repulsión de la violencia, del goce del sufrimiento y la mortificación. Este titular alude a la muerte de un estudiante en una escuela del pueblo de Salinas por uno de sus compañeros. Como siempre, los malabaristas mediáticos imponen lo que los analistas discutirán. Uno de los planteamientos insistentes repitió el hecho de que no se atendiera el reclamo de asignar psicólogos en las escuelas del país.

El 29 de marzo de 2004, cuatro días después del incidente trágico, el periódico El Nuevo Día publica en la sección de Perspectiva un texto breve del secretario de Educación, César A. Rey que titula *Violencia en las escuelas*. Aquí habló de las 1,538 escuelas en Puerto Rico, de los cerca de 600 mil estudiantes y recurrió a ciertas metáforas para aludir a la necesidad de colaboración de muchos. En el texto se nota un intento desesperado del secretario de que los análisis incluyan otros aspectos como el estigma, los problemas sociales, entre otros. Imagino a los lectores confundidos entre el discurso político de la gobernadora de más policías, reglas más estrictas, campañas como *Puerto Rico en Paz* y el de su secretario de Educación.

Insustituible la labor del ama de casa (Mildred Rivera).
[79] Ver El Nuevo Día, 19 de abril de 2004 (Gerardo Cordero).
[80] El Nuevo Día de 26 de marzo de 2004, p.4-8.

Aquí imaginemos cómo sería si el Departamento de Educación en Puerto Rico funcionara aparte de los cambios eleccionarios, separado de los tan mencionados *vaivenes políticos*. Se afirma con frecuencia que el sistema educativo en Puerto Rico ha colapsado. Es ya un lugar común decir que está politizado, no en el sentido de la polis, sino en el de la politiquería más desfachatada. Un posible ejemplo que apoya la aseveración del colapso se concretizó en la tardanza en responder de las estructuras educativas cuando sucedió el homicidio en una escuela del pueblo de Salinas. Los maestros esperaban una ayuda inmediata y lo que presenciamos fue una polémica de a quienes le tocaba ir, la parálisis. Estas confusiones son señal de esclerosis múltiple, en muchas dimensiones. Para que el secretario de educación fuera a convertir en acto los planteamientos de su texto *Violencia en las escuelas* tendría por ejemplo que ausentarse, de manera valiente de toda conferencia de prensa donde la gobernadora hable de politiquería, como por ejemplo de la absurda campaña publicitaria *Puerto Rico en Paz*, ya que ésta es un ejemplo del simplismo en el análisis, algo que él critica en su texto. Así también tendrían que haberlo hecho la secretaria del Departamento de la Familia y la Procuradora de las mujeres.

Puerto Rico en Paz, un slogan similar a *Escuela Libre de Drogas y Armas*. Palabras vacías, politiqueras no porque lo sean intrínsecamente, sino porque son rótulos diseñados por compañías publicitarias para el hacer parecer verdad. Palabras que son diseñadas para esconder los conflictos, las luchas sangrientas, el hecho de que las escuelas son puntos para el mercado de las drogas, la ineptitudes administrativas, la narcotización de los niños, las brutalidades institucionales contra estudiantes, contra maestros, en cada una de las estructuras de los múltiples contextos educativos y sociales en general. Palabras utilizadas para crear una paz artificial encubridora de la destrucción de las experiencias, de los dolores de las existencias. Una se pregunta si la paciencia es en verdad una virtud. Los maestros, la comunidad escolar, la comunidad cercana a la escuela, cada habitante de esta tierra que según los biógrafos y geólogos si sigue el siniestro imperialismo de quienes son llamados *los desarrolladores* se acabará, tendrían que perder la paciencia ante tanta desatino, tanto automatismo en el análisis y en los actos.

Debord[81] nos ayuda a pensar cómo se crean los artificios en la sociedad del espectáculo. Los espacios espectaculares son invasivos y los niños pertenecen a uno de los grupos sociales más heridos, por lo tanto, más idóneo para las múltiples biopolíticas. De aquí los espectáculos, *los niños primero*, *zona escolar libre de drogas*, *No Child Left Behind*, *Las Comunidades Especiales*, *Puerto Rico en Paz*. Es sólo una cuestión de sistemas semióticos

---

[81] En La Sociedad del espectáculo.

decir que en los periódicos hay una sección de "espectáculos", pues estos últimos empiezan con la primera plana.

Como ejemplo de lo anterior está el problema de la violencia doméstica. Tantos casos de violencia doméstica y tan pocas primeras planas sobre el tema. Así se desprende de la investigación *La Violencia Doméstica en la Prensa Nacional* coordinada por la profesora Denise Coutín[82]. Tal parece que la prensa es indiferente o selecciona unos cuantos casos donde tal vez el victimario resulte ser el protagonista en un problema de proporciones alarmantes: en el 2001, 10,000 casos. En el período que las profesoras estudiaron, la prensa recogió sólo 40 casos. La prensa se inventa una realidad en la que la violencia doméstica esta solapada. Y si ocurre aparece la alegoría tan repetida de que *el marido cegado por los celos y herido en su honor de hombre, la mató.* Baudrillard[83] alude a este proceso cuando afirma:

> Así pues el mundo es una ilusión radical. Es una hipótesis como otra cualquiera. De todos modos es insoportable. Y para conjurarla hay que realizar el mundo, darle fuerza de realidad, hacerle existir y significar a cualquier precio, eliminar de él cualquier carácter secreto, arbitrario, accidental, expulsar sus apariencias y extraer su sentido, apartarlo de cualquier predestinación para devolverle a su fin y a su eficacia máxima, arrancarlo de su forma para devolverlo a su fórmula. La simulación es exactamente esta gigantesca empresa de desilusión literalmente: de ejecución de la ilusión del mundo en favor de un mundo absolutamente real.

Como se desprende del estudio de las profesoras, el hecho de que durante los meses en que hicieron el estudio el tema de la violencia doméstica se haya desplazado de las primeras planas, por unas primeras planas insulsas: *Cómo estar in con su traje de baño* y *el concierto de la mega estrella Chayanne,* entre otras, ofrece un ejemplo hiriente de cómo se da ese *realizar el mundo* ese *hacerle existir* y *significar a cualquier precio* al que alude Baudrillard. Un ejemplo de cómo se construye ese mundo de liviandad, *light.* Por eso cada vez más

---

[82] Ver ponencia de la profesora Coutín (2002) y sus colaboradoras las profesoras Martha Quiñonez, Emma Domenech y Yazmín Pérez del Comité de Asuntos de la Mujer y del Género en la UPR de Arecibo (texto electrónico). Ver además reseña en *Los medios de comunicación y la violencia* (Ileana Rivera Rodríguez) Periódico *La semana,* 22 de abril de 2004.

[83] En *El crimen perfecto* citado antes, p30.

las *figuras del espectáculo, los artistas,* según los cánones predominantes, invaden las primeras planas aprovechándose la dinámica de la investidura libidinal, de los cuerpos perfectos de mega estrellas, idóneas para fetichizar. Si bien es cierto que estamos siempre en el plano imaginario, como bien nos ha ilustrado el psicoanálisis, también es cierto que unos imaginarios dominan más que otros, que se da el imperialismo de los sentidos coagulados. Y los que disienten están controlados, o como dijo antes Baudrillard, *arrancados de su forma para devolverlos a su fórmula.*

Por lo anterior no resulta extraño que del tema del abuso de los diagnósticos del ADDH, lo que publica la prensa del país, parece sacado de un folleto de propaganda medicamentosa y farmacológica, a diferencia por ejemplo de lo que encontramos en una revista como Time, que lo planteó en 1998[84]. La propaganda se acompaña con las declaraciones de unos tontos de capirote: *los profesionales de la conducta.* Las críticas a esta dinámica siniestra de la drogodependencia no se incluyen casi nunca. Considérese que los niños y adolescentes también son un mercado que justifica la escritura de propuestas de investigación y servicios, tan inútiles como lucrativas para diversos grupos, de las empresas privadas, de los contextos universitarios, de los grupos profesionales, de los políticos. También son un mercado para las empresas educativas, para la industria musical, el mundo del libro y para muchos otros contextos imaginables del espacio social. Pensemos cómo serán las alianzas e influencias entre todos esos espacios para el lucro. Pensemos cómo pasan *de las formas a las fórmulas.* Para esto último son muy necesarios los tratamientos, el hacer parecer verdad, la invención de los diagnósticos, el sujetar por ejemplo el matiz contestatario del rap y neutralizarlo para beneficio de unas ganancias multimillonarias[85], y todo tipo de estrategia que logre unificar los pensamientos en un canon con fuerza de formación de inconsciente[86].

Una vez los cánones adquieren fuerza y se convierten en fórmulas inconscientes, aparecen en cada manifestación de la experiencia humana y los niños heredan los mismos con el mismo advenimiento de su subjetividad, cuando se convierten en seres hablantes[87]. Recordemos que

---

[84] *The age of Ritalin* (Nancy Gibbs) Revista Time, 31 de noviembre de 1998 Vol. 152 no.22).

[85] Recordemos aquí los comentarios de que algunos raperos pasan de la calle a la *Hummer.*

[86] Juego aquí con la noción "formaciones del inconsciente" desde el psicoanálisis (Lacan.)

[87] Presencié la escena de un grupo de niños de kinder llegar de visita a la universidad, en la guagua escolar, cantando "Dembóu, Dembóu, Dembóu…una canción de rap , ante la mirada atónita, fascinada/ horrorizada de muchos universitarios.

ellos se sumergen en ese mar de palabras pertenecientes tanto a discursos canónicos como contestatarios. Imaginemos cómo será ese proceso bajo los efectos de fármacos derivados de anfetaminas, pensemos cómo será bajo los efectos de 'slogans' adormecedores de los medios de difusión pública, cómo bajo los efectos de golpes, insultos y humillaciones.

Pensemos un poco en el proceso de advenimiento a la subjetividad para un infante. Es decir aquello que le permite pasar del grito a la palabra, convertir la carne en cuerpo, convertirse en ser hablante, habitado por el lenguaje[88]. El infante adviene a un mundo apalabrado, complejo. No podemos afirmar que cada infante está en igualdad de condiciones con otro en esta dinámica tan compleja. Por lo cual no podemos aplicar las tradicionales *teorías de desarrollo*, ubicar en un mismo espacio conceptual a todos los niños, decir que todos pasan por las mismas *etapas* y que este proceso se guía por otro que se llama *la socialización*. Esto así porque las mismas nociones de *etapas* y de *socialización* están problematizadas, cuestionadas. Porque la utilización de las mismas por las distintas disciplinas, como la psicología y la sociología, especialmente en los acercamientos conductistas, las han convertido en palabras vacías, que cada quien utiliza según le convenga. Ya son parte del lenguaje coloquial. Así cualquier aseveración puede formularse utilizándose estas nociones para justificar los *desórdenes neurológicos*, los *desbalances químicos*, los *disturbios emocionales* y así justificar la medicalización masiva. Las disciplinas de conocimiento han de servir a intereses más poderosos que son los que proveen los fondos para las investigaciones.

Aunque se haya pensado de una manera diferente en los avatares que pasa un niño en su advenimiento a la subjetividad, como es el caso de los acercamientos psicoanalíticos, cuando se extienden estas cuestiones a la sociedad en general se reciclan en nociones conductistas. Es simplista explicar el proceso de advenir en ser hablante de una manera conductista porque se trata de cuestiones muy complejas que requieren relaciones dialógicas entre disciplinas. Entre estas, las perspectivas de lingüística estructural, de filosofía del lenguaje, los enfoques psicoanalíticos, algunos enfoques de las psicologías, sociologías y antropologías. La cuestión aquí es dar cuenta de la complejidad de este proceso que se acentúa cuando las condiciones de vida de ese niño no son las más apropiadas. Con esto último me refiero a situaciones de pobreza. En la isla de Puerto Rico estamos hablando de la mayoría de los niños, según se señaló antes. Pero no nos confundamos. Esto no quiere decir que un niño que posea un contexto material de abundancia no va a sufrir maltratos y a experimentar carencias, especialmente afectivas. Lo que quiero decir es que el proceso de

---

[88] Refiero a los lectores a la lectura del texto *Escritos del psicoanalista francés Jackes Lacan*

convertirse en ser hablante es muy complejo, tiene muchas vertientes diferentes para cada niño, todas meritorias de análisis cuidadoso. Entonces notamos que reducir la vida de un niño a categorías causativas, *esto causa lo otro*, no nos ayuda a entender un proceso tan complejo. En el capítulo dos aludí a aspectos pertinentes a este tema.

Aparece en escena el infante que grita. El primer otro, quien ejerce la función materna recibe ese grito como si fuera palabra. Los avatares de ese proceso tan complejo de convertirse en ser hablante por mediación de un primer otro y con la mediación de un tercero nos permiten imaginar que cada infante lleva un devenir histórico, una existencia muy particular. Esa vida, ese devenir existencial no se puede reducir a una construcción histórica lineal que un psicólogo o algún otro invente para dar una explicación unitaria de la vida de un niño. Sabemos que hay nociones tranquilizadoras para algunos y utilitarias para los que se lucran: *enfermedad mental, trastorno emocional, desbalances químicos, déficit de atención*. En este proceso manipulativo, para utilizar estas nociones metafóricas como principios explicativos hay que construir una trama, casi siempre causal o esencialista con apariencia de verdad. Algunas de estas tramas se mencionaron en capítulos anteriores.

Exploremos este momento después de que aparece en escena el infante que grita. La psicoanalista Francoise Dolto[89] escribió de muchas maneras, el mismo. Veamos:

> Un bebé que sale del útero y comienza a respirar se encuentra en un espacio desconocido pero ya orientado por muchas referencias que son una especie de unidad sensorial a pesar del desparramamiento de las zonas erógenas. Su cuerpo está limitado por las ropas, por una cuna, por los brazos que lo cargan y le aseguran una cierta estabilidad. Luego hay la voz de su madre que le permite reconocerse, a sí mismo, a su madre, cada vez que se ocupa del él.

El devenir en ser hablante entonces es un proceso que siempre está presente cada vez que el niño habla. Si no indagamos cómo fueron esos avatares para cada niño caemos en lugares comunes. Muchas instancias afectan ese devenir. Por ejemplo, leamos algunas que Dolto[90] cita en su

---

[89] Ver Francoise Dolto (1982) *Seminario de psicoanálisis de niños.* México: Siglo veintiuno editores, página 132.

[90] Ver Francoise Dolto (1982) *Seminario de psicoanálisis de niños.* México: Siglo

texto *La incubadora, un autismo experimental* para aludir a eventos en las etapas tempranas que tienen relación con la posibilidad de autismos posteriores:

> La muerte de alguien, una mudanza, la pérdida durante varios días de la presencia de la madre, un duelo para el padre o la madre, la partida no anunciada de un animal doméstico, la entrada de un hermano o hermana a la escuela elemental, una modificación brusca del entorno, una estancia aunque fuera corta en el hospital sin estar preparado para ello, o incluso una prueba afectiva difícil para la madre.

La tentación de seguir con la sabia lista de Dolto es grande. En capítulos anteriores he mencionado otros. Un enunciado muy metafórico de Dolto nos pone en esta sintonía: *la huella del cordón umbilical en la palma de la mano.* Estructuraciones diversas, nudos que desatar, eventos forcluídos y tatuados en el cuerpo que no acuden a la memoria, instantes que duran eternidades, aquello que denominamos trauma.

veintiuno editores, páginas 131-143.

CAPÍTULO 4

PLURILINGÜISMO SOCIAL: POR LOS DISCURSOS DE LA OTREDAD

Yo no soy de alta posición social
Pero tu hijo mi cassette se lo quiere comprar Vico-C

En este capítulo regreso a la invitación bajtiniana de pensar las otras formas de discursear sobre los niños y en las formas en que ellos hablan. Una manera dolorosa de pensar en sus decires es notar la forma analógica de su hablar: con balas, tajos, mutilaciones, síntomas que insisten a pesar de la anestesia. ¿Qué nos dicen las líricas del rap en su devenir semiológico y textual? Como el Ritalin es de los medicamentos más vendidos así el rap[91] es de los géneros musicales más populares, una máquina seductora para el marketing. Una vez descubren que es el de mayor venta, es utilizado para responder a sus beneficios económicos. Se señala que aunque en Puerto Rico las ventas muchas veces no se documentan en forma rigurosa, desde el

---

[91] Agradezco la ayuda de mis sobrinas que facilitaron el proceso de consulta sobre las líricas del rap.

2000 el rap ha ascendido al género musical más vendido[92] en los pasados cinco años pues ha dominado los géneros de la salsa y el merengue. En Estados Unidos, Don Omar, con la unión del rap y el reggae en lo que se denomina reggaetón y Akwid, lograron ubicar el rap en las primeras 10 posiciones del *Billboard* de álbumes latinos. Anteriormente las posiciones eran dominadas por la música pop y la música regional mexicana. La misma tendencia de Don Omar, la vimos con Vico C[93] y actualmente con Héctor y Tito, Tego Calderón, Eddie Dee y otros.

Es importante indagar cómo los síntomas hablan. Los medicamentos anestesian los síntomas y estos pierden su mayor valor, que es el de ser metáforas de algo más, estar en sustitución de algo. Ese algo que la farmacoterapia enmascara. Pero esa anestesia dura horas y hace estragos, por lo que los síntomas regresan quizás con mayor fuerza y con un sistema nervioso más comprometido. En el caso de las formas alternas de hablar que tienen los niños y jóvenes, nuestra escucha no debe ser una que destruya la otredad, que anestesie los síntomas, es decir, que ubique lo que dicen los niños en nuestras categorías diagnósticas o modelos de pensamiento. Esto sería no tolerar la otredad. Me refiero al fenómeno advertido por la psicoanalista Julia Kristeva cuando dice que no podemos tolerar la otredad de otros porque no podemos tolerar la otredad en nosotros mismos. Por ejemplo ya se notó que las formas típicas de comportamiento en los niños, las formas de vivir su infancia y adolescencia son clasificadas como déficit de atención con el uso de tontos cuestionarios y según el manual diagnóstico, como una *enfermedad.*

También podemos interpretar otros decires como síntomas. Pero es necesario ocluir de la palabra síntoma su matiz medicalista, patológico, psicologista. Extrapolándose la noción, desplazándose su significancia. Los tatuajes que nos escandalizan, el volumen alto de la música de rap, las palabras altisonantes, las pantallas en los lugares más insospechados, son enunciaciones provenientes de espacios contestatarios de rebeldía, de protesta. Aquellos que no toleran el rap habrán escuchado constantemente voces que salen de los carros-discotecas: *matá-a-rón/mataron/un/inocé-én-te,* se repite sin cansancio. Palabras que se han considerado violentas, aunque su

---

[92] En: Cobo, L. (2003) *Latin Rap: Heat Up, Obscenity Down,,* en *Billboard 115* , No. 34.
[93] Para consultar información sobre ventas y trayectoria ver en Cobo, L. (2003) *Vico C Seek The Truth* en *Billboard 115,* No. 49, p.11-12.

melancolía puede ser metafórica de la impotencia frente al horror de la imparable criminalidad. Una melancolía, entre el canto y el llanto. En los carros lo mismo se despliega el lamento como se repite *métele con candela, Jackie, métele con candela*, igual, sin cansancio.

Lo que queremos escuchar es múltiple, complejo. Aquello que no queremos escuchar asimismo. Lo reciclamos y se convierte en ejemplo para profecías autorrealizables, para nuestras propias categorías. Los *profesionales de la conducta* no pueden notar y escuchar lo que les ronda con insistencia. Con ingenuas escalitas de conducta, cuestionarios simplificadores, y retrógradas pruebas psicométricas pretenden ubicar *las respuestas* de los niños y determinar si son *conductas mal adaptativas*, término este último sacado del documento político DSM. Me parecen instrumentos inadecuados para entender la complejidad de esas expresiones verbales de tanto matiz para la interpretación y el análisis.

Pero volvamos a las enunciaciones mortificadoras para algunos, incordias para otros y sugerentes para mí de las líricas de quienes han sido nombrados como los filósofos del rap. Aquí me pregunto con Baudrillard (1997)[94]

> ¿Es posible que el Otro, en su singularidad irreductible, se haya vuelto peligroso o insoportable, y sea preciso exorcizar su seducción? …cualquier pasión es un insulto a la indiferencia general. Aquel que, mediante su pasión desenmascara nuestra indiferencia, nuestra pusilanimidad o nuestra tibieza, aquel que con la fuerza de su presencia o de su sufrimiento, desenmascara nuestra escasa realidad, debe ser exterminado. Al fin hemos resucitado al otro, reencarnado al enemigo, para reducirlo o destruirlo.

No podemos negar que algunos cantantes del rap[95], los de las *líricas furiosas*,

---

[94] Baudrillard (1997) *El crimen perfecto*. Barcelona: Anagrama, p.156 y 177.

[95] Es importante mencionar trabajos de análisis sobre el tema. Uno de ellos sobre el rap en Europa, incluye una comparación con la dinámica en Estados Unidos. Ver Androutsopoulos, Scholz, A. (2003) *Spaghetti Funk: Appropriations of Hip-Hop Cultura and Rap Music in Europe Popular Music and Society*, No. 4, p.463-79. Ver Hosten, A. (2004) *From Street Poetry To Stright Politics: Hip Hop's Growing Influence On Social Issues, Jet 105*, No. 18, p.61.

y algunos del rock, despliegan con ritmo, análisis con mayor complejidad que muchos *científicos sociales*. No solamente por lo que dicen sino por la alteridad en sus discursos, por la hibridez de sus categorías, lejos de la tibieza de la que habla Baudrillard. Por eso sus palabras escandalizan, porque no se matizan, se dice lo que usualmente se calla, se grita lo que la mayoría prefiere borrar, *se habla malo*, se habla abiertamente de alternativas distintas sobre el problema de las drogas y que otros países han explorado, por ejemplo en la canción *lega-lega-lización... basta de prohibición*[96]. Podemos ceder la palabra a Don Omar[97] cuando afirma:

> Quizá ese rastrilleo y las detonaciones en una canción de reggaetón es lo que hace que la gente critique el reggaetón. Es cierto que eso margina el género de nosotros...los mensajes de mis canciones son lo que pasa en la calle...los políticos no tienen palabra, lo que hacen es vestirse bonito, hablar bonito y decir mentiras bonitas. Quizá los raperos no han dado ni un tiro y los políticos se ponen ropa bonita y han *robao* sin sonar una pistola.

Esa afirmación de Don Omar se actualiza cuando notamos la dinámica de *tiraera* entre los políticos. Esta se da en época eleccionaria. En las campañas eleccionarias recientes las canciones de reggaetón fueron utilizadas con propósitos de propaganda política. Entonces tendríamos que ubicar las enunciaciones del rap como unas que deben tener el mismo derecho de ser consideradas para el análisis por el valor de sus planteamientos y por el arraigo que tienen estos discursos entre los jóvenes. Hay que pensar por qué se consideran nocivas las *tiraera*s del rap y se hacen invisibles las otras *tiraera*s, hasta el punto de ordenarse investigaciones con dedos acusadores de parte de los cuerpos legislativos del país. Hay que pensar por qué se considera que atentan contra el orden social.

El rapero Vico C[98] en su crítica a la censura del gobierno contra el rap, se

---

[96] Refiero a los lectores al titular en el periódico Primera Hora del 18 de noviembre de 2003 (Frances Tirado) *El rap es la voz del pueblo* expresión del cantante de rap Don Omar (rapero número uno según la encuesta del periódico).

[97] Ver reportaje de Primera Hora (18 de noviembre de 2003).

[98] Ver reportaje citado en notas anteriores de Primera Hora.

cuestiona por qué esa crítica no incluye los otros géneros musicales, como el merengue, el bolero o la salsa y recuerda uno de sus primeros éxitos musicales hace 10 años, *Explosión: yo no soy de alta posición social, pero tu hijo mi casete se lo quiere comprar*. El énfasis anterior lo notamos cuando Vico-C[99] dice que el rap es parte de la *idiosincrasia del barrio... era gratuito estábamos pelaos*, y añade:

> Eso era algo que estaba ahí y era de nosotros. Es como una forma de sobrevivir. El hip-hop salvó una generación cuando vino, porque no eran los temas destructivos de ahora, sino que nos dio la oportunidad de coger ese *anger* (cólera), esa rebeldía que uno desarrolla cuando uno se cría en un barrio. ... el hip-hop nos dio grafiti, break dance; cuando estábamos a punto de matarnos en los barrios, llega el hip hop y en vez de matarnos competíamos, por eso digo que salvó una generación.

En el reportaje de *Billboard* Vico C alude a su escritura como de la dimensión del sufrimiento: *I even wrote some songs when I was sick, but even when you're sick, suffering help to write*. El sufrimiento ayuda a la escritura y ésta sublima el sufrimiento.

Recuerdo el primer encuentro con niños que atendía. Ellos llegaban con sus cassettes de rap y rap *underground*. No es un hecho que deba pasar sin un análisis. Pero no uno moralista y conservador que hable de los *riesgos para la salud mental* de los bailes del perreo como el que leímos en un reportaje de periódico, *Perreo: puro "show" sexual de los jóvenes*. En el mismo un psiquiatra y un psicólogo hicieron dúo en sus planteamientos de simplismo puritano. El psiquiatra señaló que esos bailes son *una falta de respeto al cuerpo y a la actividad sexual que se debe preservar para la intimidad. Pero mucho de ello es puro 'show', es una patología de exhibicionismo sexual*[100]. El psicólogo criticó lo que llamó *comportamiento permisivo de los padres que puede desensibilizar a los niños en cuanto a lo que es sexo o la sexualidad* y cuestionó el que se le considere arte. Afortunadamente no son psicólogos los que determinan aquello que sea arte.

---

[99] Ver, *Vico C apuesta por una "revolución sin armas"* El Nuevo Día, Agencia EFE (Keyla Medina-Rosa), 7 de mayo de 2004. Ver además de Cobo, L. (2003) *Vico C Seek The 'Truth'* en *Billboard*, No. 49, p. 11-12.

[100] Reportaje *Perreo: puro "show" sexual de los jóvenes* Primera Hora (Adela Dávila Estelritz) 18 de noviembre de 2003.

Ante este panorama cedo la palabra al rapero Don Omar que en el mismo espacio del periódico habla del reggaetón *como una música que los jóvenes hoy día tienen para bailar por lo pegajoso de su ritmo y que ha gustado tanto entre pequeños, adultos, adolescentes y hasta los abuelos".* A lo afirmado por Don Omar añado que tal vez los niños y adolescentes digan del perreo, lo mismo que Isadora Duncan de su baile: *si lo pudiera decir no lo bailaba.*

Análisis que ven *patologías, riesgos para la salud mental, inmadurez, precocidad en el desarrollo,* palabras con carga patogénica, palabras con una historia que ya Michael Foucault y otros han relatado. Esas palabras repetidas de esa manera, evaden la complejidad en el análisis, la enjundia teórica. Entonces la complejidad está del lado de los analistas del rap y del rock pues en sus líricas buscan decir, como lo canta el roquero argentino Fito Páez, *algo inteligente, algo con cojones[101].*

En un reportaje reciente[102] sobre una cantante de rap, descrita como una *joven profesional,* se habló sobre lo que ella denominó como *nuestra jerga, nuestro vocabulario.* Defendió ese vocabulario y la importancia *de que no se pueden tomar esas palabras literalmente: nosotros le damos otro significado...la sociedad toda es así, tú vendes más agua si te la echas por encima de un busto, que si simplemente te la bebes.* Una de las palabras a las que hacen referencia es la frase *suelta como gabete* y *perra,* ésta última según el reportaje, en el argot rapero, sinónimo de mujer. Aunque no considera que esa palabra sea una ofensa, no la utiliza. Habló de que son muy pocas las raperas mujeres[103]. La frase *suelta como gabete* se ha convertido en una de uso común, especialmente entre las mujeres.

Los discursos contestatarios del rap sueltan como gabetes las palabras porque como escribió Bajtín la esclerosis de los discursos monológicos, los de la autoridad, no son fáciles de estratificar. Propongo que estas líricas del rap pueden verse como formas de estratificar los discursos imperantes sobre los jóvenes. Es de esperarse entonces que sean diferentes, con el *rastrilleo* que mencionó Don Omar, con el *anger* que mencionó Vico-C, que sean chocantes, de ruptura, que propongan inesperados giros del lenguaje,

---

[101] Fragmento de la Canción de Fito Páez: *Música para camaleones,* del CD: *Naturaleza Sangre.* Desplazo el significante *cojones,* libre de su carga falocrática, machista y sexista, como un significante que también dicen las mujeres, como un decir diferente, una llamada con pasión, independientemente de la sexuación del hablante, a otras formas de entender e interpretar lo vivido, el fantasma que nos habita.

[102] Ver en Primera Hora: *Glori no aprueba frase "eso, perra" pero defiende como "gata" el reggaetón,* 19 de abril de 2004, (Amaury Santiago Torres).

[103] Consultar, Keyes, C.L. (2000) *Empowering Self, Making Choices, Creating Spaces: Black Female Identity via Rap Music performance.* En: *Journal of American Folklore* No. 449, p. 255-69.

que incluyan alusiones a disparos de balas y de sentidos. Y sucede también que en alguna dimensión de esos intentos de ruptura se desplacen también brotes de conservadurismo, regresiones canónicas y macharranas como cuando se propone fetichizar y maltratar a las mujeres. Me parece que es la presencia simultánea de la bota opresiva y no siempre visible de la cultura y las respuestas sueltas y libertarias. Es la dinámica que se da cuando las víctimas internalizan y convierten en voces interiores los discursos más conservadores y machistas. Y esto es independiente de si la voz que canta es de una mujer, ya que escuchamos rap en el cual las mujeres hacen coro con el *dale papi que estoy suelta como gabete.*

Por esto es que considero que hay una dimensión sintomática en estos discursos. Como todo síntoma tiene un alto nivel de condensación que habría que interpretar en su carácter enigmático. Sin ilusiones mesiánicas, sin falsas esperanzas, sin ribetes de feminismo sexista de que si la que canta es anatómicamente hablando una mujer, sus líricas puedan aludir a la situación de opresión que viven la gran mayoría de las mujeres. Esto último porque sabemos las dinámicas propias de la fantasía del *espectáculo*, de la farándula, los efectos de éstas sobre cualquier cantante. Esto también porque los discursos patriarcales son muy efectivos, los recibimos *en la leche materna* y se filtran por todo tipo de discurso y lírica, se trate del rap, de la balada, de la salsa, del merengue. En pocas palabras están en nuestra vida psíquica. Basta con recordar en el género de la salsa el éxito del cantante Ismael Rivera: *mira mami ponte a limpiar, mira mami ponte a fregar, porque si llego a la casa y no estás pau, pau, pau, te voy a dar.* Por esto no son sólo características del rap las incitaciones al maltrato contra la mujer en las canciones. Ya sufrimos ese matiz en las letras de la salsa de los 70. Que el rap sea contestatario o crítico de la situación de las mujeres podría ser un *wishful thinking* de algunas en la crítica feminista que difícilmente se puede sostener con las mismas líricas o con el movimiento de este género musical a los primeros lugares de popularidad. Por el contrario nos podemos encontrar con un neo machismo particular destilado por estas líricas.

Sobre esta dinámica Jeff Chang[104] en su texto *La chispeante odisea del hip hop* escribió:

> Al invocar la autenticidad callejera, la rebelión
> adolescente y su credo individualista, el rap
> gangsta respondió a las aspiraciones de una
> población juvenil que había crecido con el racismo
> y el reaganismo. Lejos de los viejos negro
> spirituals de la lucha por los derechos civiles, esos
> ritmos eran crudos, violentos, indisciplinados,

---

[104] En la página www.360hiphop.com.

ofensivos, negrificados, a menudo anti homosexuales y misóginos.

Davey D, historiador del hip hop[105] aludió a la dinámica del poder político que utiliza al hip hop como chivo expiatorio cómodo. Esto porque las comunidades que lo practican no disponen del poder político y económico necesario para controlar las imágenes que los medios proyectan de él. Escribió además sobre la imagen de matones y misóginos con malas pintas que las casa disqueras venden de sus artistas:

> Para empezar esas metáforas violentas se enmarcan en la vieja tradición de exaltación del yo propia de los raperos. Como señala el profesor Robin D.G. Kelley, al exagerar y alardearse de delitos imaginarios "entablan duelos verbales acerca de quién es el más malo". Como también apunta Kelley, lo que cuentan funciona a dos niveles. Los espectadores que pertenecen al ambiente musical son capaces de apreciar la ironía de los duelos, mientras que a los ajenos a éste, una lectura literal les resulta cautivante.

Este aspecto de las imágenes y la publicidad la encontramos en un reportaje[106] a Vico C donde señaló que *al reggaetón no hay que temerle, sino a lo que viene antes*. Se cita en el reportaje la lírica de su canción *Desahogo*: *También de los anuncios que se exhiben/ como el de Coors Light, que dice el cuerpo te la pide/ como diciendo mi veneno te hace falta/ compra mi producto, tripea, brinca y salta/ y ahí se fue un auspicio menos/ pues cuando arranco diciendo la verdad no tengo freno*. La introspección de Vico C se hace evidente: *me siento que he madurado, y a medida que tú vas madurando, las inquietudes aumentan también, por los hijos, por la familia y todo*. En una crítica a quienes denomina *sus primos* del reggaetón dijo que: *están haciendo que mi hija de cinco años diga 'vamos a hacer el amor', coño, me tiene que molestar, y muchas veces quisiera decir más, pero no lo hago para evitar problemas. Es una lucha porque esa es mi hija, y mi hija va por encima del género, de relaciones públicas, de relaciones con cualquier artista…mi hija va primero*. Las preocupaciones de Vico C, van a la par con las preguntas que se hace Davey: *¿Quién tiene la culpa de la violencia asociada la hip hop?*, *¿Quién es más responsable de la influencia que*

---

[105] En *El hip hop, chivo expiatorio*, en www.unesco.org.
[106] En *Vico C recrimina el contenido sexual* Primera Hora, 2 de marzo de 2005 (Aixa Sepúlveda Morales).

se ejerce sobre el público: la radioemisora con millones de auditores o el artista que ésta decide difundir? Davey pone el énfasis en el sensacionalismo de los medios de comunicación, el afán de ganar dinero y la visión estereotipada de la cultura rap, para concluir que la violencia ejerce fascinación en nuestra sociedad y que el hip hop es complejo pues *refleja a la sociedad en su conjunto.*

Jay Nordlinger en su texto *'Bang Guns', rap, and silence[107]* dice que los raperos cantan a las balas con lascivia, muy cerca del erotismo hacia las balas y las armas. Esto lo encontramos si leemos en las líricas del rap del patio con sus investiduras libidinales hacia las escopetas AK y hacia la parafernalia de guerra y militarismo. Este fenómeno de la glamourización[108] de las balas, es complejo. Jeff Chang, en el texto citado alude al mismo al hablar de la metáfora de la libertad y al considerar que las líricas del rap *gangsta* son una manera de convertir las palabras en armas y que las mismas son un escudo de protección o una escapatoria al caos de la calle. Por esto cita en los márgenes de su texto un fragmento de un poema del poeta estadounidense Amiri Baraka: *Queremos "poemas que maten". Poemas asesinos, poemas que disparen. Poemas que afronten policías en los callejones y les arrebaten las armas.* Precisamente, en su canción *Soldados* Ivy Queen dice: *Sembrando guerra/ Separando los caballos de la tierra/ Saco mi arma bolígrafo por mi plan voy...* Por otro lado sabemos que el culto a las balas tiene bastante antigüedad y sería alejarse del pensamiento complejo atribuirlo al rap. Como señaló Vico C es *lo que viene antes* del rap.

Los anormales es el título de uno de los cd del cantante de rap Héctor el Bambino. Es inevitable para la interpretación recordar el juego de palabras psicoanalítico, anormal, (a)normal, (a)nor-male, que alude a cuestionar una norma falocrática, heteronormativa. Para disipar las ilusiones nos podemos encontrar con el reciclaje de una normalidad. Una normalidad canónica dicha en otro lenguaje pero enmarcada en las mismas regulaciones normativas. Por esto se ha dicho que la cultura hip hop y el rap se ha desplazado, *from the margins to mainstream[109].* En una de las líricas un él repite *tú no tienes miedo*, Ella: *yo no tengo miedo.* Otra[110] repite, *salvaje/ me llaman salvaje/ más bandolero que yo no hay ninguno/ más salvaje que yo no hay ninguno.* En otra[111] un él: *machete, machete/ píllala contra el muro/ se lució tu cangri man/ ahora suelta el instinto animal pa'darte cariño corporal/ machetazo pa ese flan.* Él[112]: *agárrate*

---

[107] En Nordlinger, J. *Nacional Review 53*, No 7 p. 37-40.

[108] Concepto que Nordlinger lo cita de Nancy Hwa.

[109] Consultar texto de Androutsopoulos, J. y Scholz, A. (2003) citado en la nota al calce 92.

[110] Canción, *Salvaje*, Cantante: Don Omar, CD: Héctor- Los Anormales, 2004, Gold Star Music.

[111] Canción, *Machete*, Cantante: Daddy Yankee CD: Héctor- Los Anormales, 2004, Gold Star Music.

[112] Canción, *Algarete*, Cantante: Trébol Clan, CD: Héctor- Los Anormales, 2004,

que te voy a dar fuete/ procura no andar con grillete/ suéltate mamita como un gabete/ que esta noche nos vamos al garete, ahora agárrate/ llegaron los anormales a darte fuete/ mami quieres fuete Ella: *papi dame fuete, dáme más fuete.* Él: *Tu estas buscando fuete,* Ella: *Mira papi yo no tengo grillete.* En otra[113]: *yo lo que quiero es domarte potra/ dame otra noche como ésta otra/ lo que yo quiero es castigarte potra/ vente conmigo antes que me provoque otra/ Dale duro potra,* Ella: *castígame potro.* En otra[114], Él: *Gata michu michu* Ella: *Miau … oye gata yo tengo mi itinerario/ contigo yo gualdo mi traje de sicario/ yo lo que quiero es hacerme millonario/ Ma'deja que pruebe to ese arte culinario.* Él[115]: *Malvada/ yo te me pego y te incomodas,* Ella: *Malvado / pégame que se joda,* El: *malvada éh éh éh.* Él[116], en juego entre contacto y con/tacto: *dame contacto* Ella: *o si no me salgo.* Él: *mami tu me matas o te mato/ dame contacto, no me dejes intacto/ Que el impacto me vuelva loco en el acto.* Él[117]: *Vámonos a fuego,* Ella: *Vámonos a fuego/ que esta noche yo no quiero fantasmeo.* Él: *Baila morena baila morena,* Ella: *Dale moreno que nos fuimos a fuegote. Se activaron los pistoleros, mujeres no amarren fuego.* Ella: *yo no amarro fuego, dale guiso que estoy inquieta ah/ ah/ sóbame que estoy inquieta.*

Ella: *Estoy bien suelta y me tiro sin chancletas* Él: *Ella se da cuenta que le quiero dar un ñaqui.* Ella: *Papi dame duro/ como banchi robao.*

Tal vez una estratificación transgresora de los discursos oficiales es utilizar la palabra *lírica*, o *líricas furiosas* para denominar el desplazamiento textual de las canciones. Esto por el énfasis canónico que tenía en el pasado vinculado a los géneros literarios. Una de estas líricas, que se puede ubicar en el rap de protesta por las injusticias sociales y los *issues* socio-políticos o de crítica social se mantuvo en los primeros lugares de popularidad. La canción de Eddie Dee[118] *Censurarme por ser rapero.* Desde el inicio de la canción menciona sus destinatarios:

Gold Star Music.

[113] Canción *La Cuatrera*, Cantante: Jomar, CD: Héctor- Los Anormales, 2004, Gold Star Music.

[114] Canción, *Gata Michu Michu*, Cantantes: Alexis y Fido, CD: Héctor- Los Anormales, 2004, Gold Star Music.

[115] Canción, *Malvada*, Cantante: Jomar y Algarete, CD: Héctor- Los Anormales, 2004, Gold Star Music.

[116] Canción *Contacto*, Cantante: Javiah, CD: Héctor- Los Anormales, 2004, Gold Star Music.

[117] Canción *Vámonos*, Cantante, Angel Doze, CD: Héctor- Los Anormales, 2004, Gold Star Music.

[118] Ver CD: Eddie Dee-12 Discípulos, 2005, Diamond Music, Machete Music, Universal Music Group. Para superar la dificultad de entender algunas líricas, consulté la página electrónica MundoReggaeton.com. No obstante pueden haber errores. Excusas anticipadas por los posibles errores al citar. Todas las líricas citadas en este capítulo están escritas en itálicas.

[*Yo/Ja/Eddie/Tirando la verdad/ Dirigido.../Pa' esa gente de la alta sociedad Ja, ja/O mejor dicho.../De la alta suciedad/Muchos me miran como si yo fuera un tipo sin arreglo/Como si nunca antes hubieran visto un negro/Como si fuera un delincuente/Como si con el lápiz y con mi libreta yo matara gente/Y cuando me asomo/Hay un par que lo piensan pa' darme plomo /Pues tengo que joderme pa' que mi noticia sea publicada/Y si mato a alguien, rápido me dan toas' las portadas/Y no me mires mal, cuida tu actitud/Yo sólo soy un portavoz de la juventud/Un guerrero ante la adversidad/Y soy mejor que la mitad de la Universidad/Y cuando arranco, no tengo pausa/No importa si me dicen, rebelde sin causa/Firme como piedra/Y confío más en un tecato de Santurce Que en un juez de Monte Hiedra/Tal vez mi música no sea sana/Pero yo no me inventé ni el sexo ni la marihuana/Pal carajo los que nos critican/Esta es la música con que los jóvenes se identifican/Censurarme por ser rapero/Es como censurar un pueblo entero/A mí no me importa, si te gusto o si te disgusto/Pues mi diploma de 4to año esta firmao' por un corrupto/Censurarme por ser rapero...No me hables de lo justo ni de lo injusto/Pues, mi diploma esta firmao' por un corrupto/La gente quiere hacer un issue de una cosa tonta/Será por eso que tenemos tanta gente en contra/Como los del Senado/Pero es bien fácil hablar mierda sentado/En aire acondicionado/Cómo puñeta vo'a hacer algo positivo/Si todo lo que veo es negativo/Si hablo mis vivencias/Dicen que promuevo la violencia/Por lo visto la democracia es a conveniencia/Nos han puesto un sello, pero/La mayoría de nosotros somos más gente que ellos/Díganme, a que rapero de esta Isla/Lo han acusao' de las puercás que han acusao' a Misla/Y hay tiraera en mis canciones/Pero no tanto como en la campaña de las elecciones/Se acusan de corrupto, el otro dice que está mal/Y total, al final, terminan robando igual/Hacen promesas pa' tu vecindario/Cuando ganan nunca vuelven por tu barrio/Por eso no confío, soy un tipo listo/Mi voto solo se lo doy a Jesucristo/Y esto es pa' los que se pican, los que se agitan/Los que nos utilizan cuando necesitan*
Y aunque me salga caro lo que disparo/Voy a seguir enviando el mensaje claro/Censurarme por ser rapero...A mí no me importa, si te gusto o si te disgusto Pues mi diploma de 4to año esta firmao' por un corrupto...]

Otra que podemos citar como crítica cultural es la del cantante Gallego[119] *12 meses del año* en la que se desplaza las alusiones a problemas sociales como la criminalidad, los asesinatos, la pobreza, el deterioro en los servicios médicos, los problemas de las mujeres jefas de familia, el clasismo, los problemas del sistema educativo, la carencia de libros, los crímenes pasionales, la corrupción, los problemas de las personas sin hogar, la politización, las muertes por balas perdidas, la hipocresía, el mercantilismo:

[*Mi vieja siempre me decía, la vida es como un juego los 365 días del año, los 12 meses, las 8,760 horas de esos 365 días un juego de la memoria a diferencia de los animales de*

---

[119] Ver Canción: 12 meses del año en el CD: Eddie Dee-12 Discípulos, 2005, Diamond Music, Machete Music, Universal Music Group.

la selva que actúan, trabajan o responden por instinto somos los únicos animales que actuamos, por memoria y es que sin memoria mi hermano no se puede vivir, anyway cada cual, decide como jugar el juego de la vida cada cual que bregue con su tiempo y con su memoria.../En enero vi a todo el mundo con sus resoluciones sus sueños y con sus promesas de cambios vi como una madre divorciada tenía dos empleos para lograr mantener a sus hijos y sacarlos a flote también a vi como mi pueblo poco a poco iba perdiendo la tradición de los tres santos reyes/En febrero vi como personas celebraban el día de San Valentín y se regalaban flores y chocolates cuando durante todo el año han sido hipócritas los unos con los otros/En marzo, vi como a una señora le dispararon 12 veces para robarle la guagua, pero también vi como un niño de 7 años salvaba a su madre en un accidente automovilístico/En abril vi como confinados de una cárcel del país se amotinaron por las malas condiciones y el hacinamiento y también vi como un ser humano se desangró frente a un hospital por la falta de empleados y equipo/En mayo vi como un padre orgulloso porque su hijo se graduaba de cuarto año con honores había sido admitido a una universidad en el extranjero/y Junio y Julio los meses de veranos aunque no me crean fui a más funerales que a festivales playeros y vi a madres llorando en la funeraria, coronas y derramando lágrimas de cocodrilos... La calle esta mala mi hermano...En agosto vi como las clases comenzaron y vi, escuelas no tenían libros, vi chamaquitos sin uniformes maestros descontentos un sistema educativo completamente inservible/Yo vi miedo/En septiembre vi un hombre que asesinó a su esposa y se suicidó dejando a sus hijos huérfanos, también vi un funcionario del gobierno que era encarcelado por cargos de corrupción/En octubre vi como una familia era desahuciada de su casa construido en terrenos del gobierno, vi como un vecino mío era despedido de su trabajo por razones políticas en noviembre vi como una familia celebraba el día de acción de gracias con una opulenta cena cuando deberían de dar gracias a Dios todos los días cuando... vi de ambulantes no tenían na que comer nada por qué celebrar y en diciembre cuando algunos estaban celebrando vi una madre preocupada porque no tenía dinero para comprarle regalos a sus hijos y vi otra madre llorando porque era la primera navidad sin su hijo asesinado y en el fin de año mientras los petardos sonaban vi a un niño en el suelo desangrándose por culpa de una bala perdida, personas preparándose para comenzar el nuevo año el mismo cuento distintos días/Este fue un leve resumen de los 12 meses de un año de 356 días y con el pasar de los meses me he dado cuenta que pertenezco a la raza más violenta del planeta y así como un tigre no mata otro tigre nosotros deberíamos tomar el ejemplo y no matarnos los unos a los otros así que lucha comparte y vive en armonía este es Gallego en los 12 Discípulos]

Podemos citar la canción *Mi barrio* de *La Caballota*, Ivy Queen[120] . En esta encontramos la protesta ante las injusticias, la manipulación de los políticos y la nostalgia de eventos y personas del barrio. Está presente la expresión de orgullo de su procedencia de barrio, *de la calle*, una sobrevaloración de ese

---

[120] Canción *Mi barrio* Del CD: Ivy Queen- Real, 2004, Universal Music Latino.

espacio imaginario. De *la calle* se sale *pa ranquiarse*. El cronotopo de la calle es una instancia que se reitera en la mayoría de las líricas, al afirmarse en algunas una especie de sabiduría por el conocimiento de lo que sucede en ella y una diferencia con respecto al imaginario de unos espacios de vida que enmarcan la existencia de otras personas que supuestamente no provienen de *la calle*.

[*Yah, dedicado pa mi barrio/Mi gente, que tanto quiero/La gente que lleva a Ivy Queen de corazón/En la calle me criaron/De ahí salí yo pa rankiarme/Pero en el barrio se sabe/Lo difícil que es pa callarse/El humo que arrebata/El carro de los gangsters/El anciano que espera/Que es su turno para marcharse/El político llegó/De ilusiones los llenó/Se jodió, una vez que gane/De mi barrio se olvidó/De que me vale un voto/Si nadie ayuda a mi viejita/A darle/Lo que necesita/La señorita que estudia/Para un futuro seguro/Con intenciones de darle/Algo a los suyos/Y yo, vivo orgullosa/Del barrio en que salí/Yo soy un fiel ejemplo/Y la calle vive en mi/Camina/Que están velando/Los velorios en la esquina/Mi vida/Es la del barrio, calle/Y party e marquesina/Aun recuerdo las parcelas/Un soldado bueno ha caído/El barrio lo está llorando/Porque siempre fue querido/Se fue quien repartía el fuete/Prendan los velones Pa que el alma del tipo/Se me aquiete/Doña Fina con sus rolos puestos/El corillo, en los topos envueltos/Loco andan sueltos/Hoy se llevaron/Otro más por chota/Le dieron lo que le toca/Y le partieron su bocota/La panadería, está encendía/Pasa el carro tintiao de la policía/Y Elía, gritaba agua/Que se está quemando/Las doñas en las ventanas/Ya se iban asomando/Y yo, vivo orgullosa/Del barrio en que salí/Yo soy un fiel ejemplo/Y la calle vive en mi Camina/Que están velando/Los velorios en la esquina Mi vida/Es la del barrio, calle/Y party e marquesina La lealtad del barrio/De la gente humilde/La risa del niño/El llanto del triste Bienvenido/Todos Sean a la realidad/Donde el pobre lucha/Pa tener su pan/Y si ahora van A juzgarme porque soy del guetto/ No me arrepiento/Yo vivo orgullosa/De mi barrio/entero y quiero/Si un día muero/Que Sepan la verdad/Yo vengo de la calle/Y eso no me va a cambiar Camina/Que están velando/Los velorios en la esquina/Mi vida Es la del barrio, calle/Y party e marquesina/Party e marquesina/La calle, el barrio/La gente humilde del ghetto/Los que yo quiero/Los que yo llevo de corazón/Hey, dile Omar que eso es verdad/Ah, ye, Añasco*]

Las líricas contienen palabras nuevas creadas a partir de diversas combinaciones de otras de la lengua. Para mencionar algunas: *Nebuleo, rebulear, jangueo, perreo, frobeteo, neculeo, fronteo, malianteo guayeteo, matilleo, tumeteo, llakiar, pinchar, blinblineo, bakiara, babilla, guerrilla, caballota, esbocá, grafilamienta.* Aunque este no es un fenómeno exclusivo de este género musical tal parece que los significantes de la lengua no son insuficientes para la expresión y el énfasis de lo que se quieren decir. Como nos sucede a todos los hablantes, cuando ponemos a funcionar la lengua para expresarnos.

Escuchamos en las líricas que podemos denominar como típicamente masculinas esa interrogación sobre los deseos de las mujeres que se desplaza analógicamente por ejemplo, en el coro de la canción Gasolina[121], por mucho tiempo en los primeros lugares de popularidad *a ella le gusta la Ga-so-li-na, le gusta la Ga-so-li-na.*

En las líricas del rap, encontramos los mismos sufrimientos asociados a la pasión amorosa que podemos escuchar en boleros y baladas, pero enunciados de maneras particulares. Así lo podemos escuchar en *Pobre diabla* de Don Omar, canción que grita los dolores de la ruptura amorosa. Por otro lado la declaración amorosa está dicha literalmente aunque no sin ternura, como en la canción *Acechándote[122]*: *No te voy a soltar/ mami ya te agarré/ eres pa' mí/ yo soy pa' tí/ tu eres mi chica dulce.* Es dicha también con metáforas diferentes: *Tú eres la barbie de este ken/ Acaba y avanza, cógeme de rehén[123].* Se ha señalado que los cantantes hispanos por su sendero hacia el *mainstream* han tenido que hacer sus líricas más radio-amigas, *less vulgar more radio-friendly lyrics[124].* No obstante muchas tienen un fuerte énfasis en una literalidad sin aparente mediación metafórica. Otra canción muy popular *Mata/ arón/ mataron un inocente volando él se fue. Oye mi Dios para la guerra por favor/ la vida es una y la vivimos matando.*

Una canción gritada desgarradoramente en los carros discotecas una y otra vez. El tema de las muertes como resultado de la criminalidad es uno que ha predominado desde el mismo inicio del género. La lírica nos recuerda que los discursos de la sociedad mediática en sus análisis de la criminalidad dividen a las víctimas en culpables e inocentes. El hablante de esta lírica grita con impotencia ante la guerra al referirse a una víctima inocente.

Encontramos en las líricas cantadas por mujeres, propuestas similares a las de los cantantes varones: El tono adversativo, el alarde y la megalomanía de un yo fuerte y las metáforas militaristas o de guerra del mencionado gangsta rap que está desde los años 1980 y 90. Por ejemplo la canción *soldados* de Ivy Queen[125]. Su arma principal es el bolígrafo que dispara palabras armas. Esas palabras que aluden a una semiología militarista: impacto, sembrando guerra, dándole a todos su entierro, soldados marchando:

---

[121] Canción: Gasolina, CD: Daddy Yankee- Barrio Fino, 2005. El Cartel Records.

[122] Canción de Yaga y Mackie Ranas del CD: Yaga y Mackie Ranks.

[123] Del cantante Wisin, la canción: *La Camella,* CD: Wisin- El Sobreviviente, 2004, Multimillo Records, Sony.

[124] Ver de Cobo, L. (2003) *Latin Rap: Heat Up, Obscenity Down,* Billboard 115 No. 34, p.66. Se cita como líderes de este fenómeno al cantante Don Omar y a Akwid. Este ultimo señaló: *What we're doing now is what we always wanted to do: where we don't lose the edge of the street, but its mainstream enough for all the audience to listen to.*

[125] Canción *Soldados, CD:* Ivy Queen- Real, 2004, Universal Music Latino.

[*Yo/ Shh Kilates/No necesito presentación/No necesito presentación/Suspiro/Que pasó/Ivy Queen/Swizz Beatz/Imperio/Music/Queen/Hey dot com/ja ja ja/ La de mo~ito/Yo dale!/Quieres saber lo que se siente man/Cuando te miran solo saben el consuelo/Poco a poco pendejo muerden el anzuelo/Cada perra con su perro/Yo ando en el filtro dándole a todos su entierro/Se encabronan no pueden dormir/Porque en todas partes oyen a Ivy Queen/Dándole en su dosis en vivir/Swizz Beats me bendijo con este ritmo/Pa sembrárselo mejor pa que sienta el corillo/ Cuando sientan el impacto de la perra/Sembrando guerra/Separando los caballos de la tierra/Saco mi arma bolígrafo por mi plan yo voy. Llevo once años comiendo grafilamienta/Y respeta cuando escuches tu mi nombre/No te asombres el amor de una mujer/Y el amor de un hombre/Si quieres saber lo que se siente/Tírate pelao y chupa va a quedar sin dientes/Ivy Queen Hey/Ivy Queen dale/Ivy Queen con mis soldados/Ivy Queen eh eh mira mira/Quieres saber lo que se siente/Lo que no creyeron a donde se fueron/Mira donde van buscando distribución a nivel nacional/ Llegan mi rankeo no se da ganar mama./Deja estar actuando como unos soblaos pelaos/A trabajar que trabajando con cojones y pelcone/Estos solitos son un desahogo/Si mal me desea me enojo y aquí me despojo/Mira y qué se creen y qué te crees/Que yo soy fácil no papi nah, ah /Trátalo, trátalo/Soldados yeah marchando./Ivy Queen yo yo/Ivy Queen dale hey/Ivy Queen con mis soldados/Ivy Queen/mira mira marchando/Ivy Queen hey/Ivy Queen llego la Diva/Ivy Queen/con mis soldados/Ivy Quee/mira mira/Cada perra con su perro/Yo ando en el filtro/ Dándole a todos su entierro/Y no quiero gritos/Pa que vean lo que es real soy la original/La comanda que en los tiempos/Que es tan difícil de educar/No esto es fácil ya lo he repetido/Todos mis soldados marcharán conmigo/Hacia mi destino/Paso a pluma y le meto al heavy wait/Y ok llego la Diva ven wait/Yo te lo dije ya yo te lo dije/Yo te lo dije pa te lo advertí/Dale dale no es difícil de roer tírate Soldados/Esto no es película/Esto es real/La Diva pa que respeten no joda eh*]

La dinámica de rivalidad entre mujeres está presente y es muy similar a la que leemos en baladas y boleros. Por ejemplo la canción ¡*Que es la que!* De Ivy Queen[126]:

[*Que es la que hay/Que es la que buscas/Ve y dile a tu amiga que conmigo no se luzca/Se está buscando que se active mi guerrilla/Y que le demos duro por meterse con la diva/Ve y dile a tu amiga que no joda la perra/Se está equivocando, y se está buscando la guerra/Dile que bien duro vamo'a darle/Yo ando con mi combo, y están locas por soltarse/Yo me voy a to'as/Si, me voy a todas/Saco los metales/Y demuestro que soy de cora'/Ando con mis socias/para darte duro ahora/Mama,no te esboques o te damos lo que te toca/Mis socias, ellas piden/Que te luzcas pa' que se activen/Que te esmandes pa que te azoten/Andamos con los cocorotes/Mis socias, ellas piden/Que te*

---

126 Ver Canción *Que es la que* en CD: Eddie Dee- 12 Discípulos, 2005, Diamond Music, Machete Music, Universal Music Group.

luzcas pa' que se activen/Que te esmandes pa'que te azoten/Andamos con los cocorotes/Que es la que hay/Que es la que buscas/Ve y dile a tu amiga que conmigo no se luzca/ Se está buscando que se active mi guerrilla/Y que le demos duro por meterse con la diva/Y si joden conmigo/Tu andas con los tuyos/Y yo ando con los míos/Fáltame el respeto, y veras lo que te digo/En la tierra no existe quien pueda conmigo/Vamos a darle duro castigo/Ven, prueba/ Quien tiene babilla/Vamos dile, Noriega/Me llaman "La Perra" porque soy una fiera/Yo no tengo miedo/Yo me tiro a capela/Contigo, con cualquiera/Mis socias, ellas piden/Que te luzcas pa' que se activen/Que te esmandes pa' que te azoten/Andamos con los cocorotes/Mis socias, ellas piden/ Que te luzcas pa' que se activen/Que te esmandes pa' que te azoten/Andamos con los cocorotes / Con la diva/La caballota/Dile, Noriega, quien tiene la babilla/Ivy Queen/Rafy Mercenario/La caballota.]

Y en una respuesta casi contestataria en la afirmativa a las exhortaciones de los varones, *los perros* a las *perras* encontramos la canción de Ivy Queen *Chica Ideal*[127]. La palabra *chica*, proveniente de otros discursos, es acompañada por otras coloquiales y típicas del género, más fuertes y afirmativas como *perreo, frobeteo, guayeteo, tumeteo, blinblineo*. Leemos aquí una especie de reclamo al interlocutor destinatario de la lírica *me quieres fina soy elegante* y *tú no querías una demente.../no importa si tú tienes una chica bultosa*. Encontramos repetido el sometimiento voluntario, sin olvidar las sujeciones inconscientes, del sujeto enamorado ante el objeto del amor.

[*Ha He/Yo soy tu chica ideal/ Ha he/Yo soy tu chica Que quieres yo soy tu chica ideal a la que no puedes olvidar/A la primera que tienes que llamar/Cuando me necesites a tu lado voy a estar/ Junto al perreo el frobeteo el neculeo el fronteo el guayeteo matilleo el tumeteo y blinblineo/Tu no querías una demente que te sobara te bakiara fuera fuerte inteligente una perra rabiosa yo no importa si tú tienes una chica bultosa la que sabe dónde tocarte y no le importa ponerte alante/ Me quieres fina soy elegante/Si tú me quieres pecar/Yo me convierto en tu estudiante/Baby solo tienes que llamarme/Cuando me busques sabes voy a responderte/No te preocupes que yo puedo entenderte/Y mis deseos sólo son del complacerte/Baby solo tienes que llamarme/Cuando me busques sabes voy a responderte No te preocupes que yo puedo entenderte/Y mis deseos solo son del complacerte/Cuando la noche pone a bulear/Cuando en la disco quieras bailar/Cuando mis labios quieras besar/Tus fantasías quiero yo llenar/Cuando la noche pone a bulear/Cuando en la disco quieras bailar Cuando mis labios quieras besar/Tus fantasías quiero yo llenar/Cuando aquel que tú quieras/Yo te besare y me convierto en tu fiera/Traigo una amiga pa bailar si deseas/Se quieres bulear y famosa aunque sea y conocida/Que quieres yo soy tu chica ideal a la que no puedes olvidar/A la primera que tienes que llamar/Cuando me necesites a tu lado voy a estar. Junto al perreo el frobeteo el*

---

[127] Canción del CD: Ivy Queen- Real, 2004, Universal Music Latino.

neculeo el fronteo el guayeteo matilleo el tumeteo y blinblineo/ Sabes que soy tu nena la que te pone a gozar/ La que nunca puedes olvidar yo soy tu chica ideal/ Siempre estoy pensando en ti mi cuerpo te quiere a ti/ Mi cuerpo dártelo todo a ti tu sabes que eres mi papi/ Cuando la noche pone a bulear/ Cuando en la disco quieras bailar/ Cuando mis labios quieras besar/ Tus fantasías quiero yo llenar/ Cuando la noche pone a bulear/ Cuando en la disco quieras bailar/ Cuando mis labios quieras besar/ Tus fantasías quiero yo llenar/ Tus fantasías quiero llenar/ Conmigo vas a volar/ Tu sabes que eres mi papi ah ah yeah]

Mi situación[128] afirma la decisión de apoyar a su *gato* incondicionalmente sin importar a qué se dedique. Encontramos aquí la repetición alusiva al espacio del *guetto, la manera del barrio*, como un espacio contestatario frente a una *gente que no quiere entender*. Esta especie de glorificación de la vida en el barrio y el cuestionamiento del estigma que revelan los discursos oficiales hacia los residenciales. Este estigma de los mismos como focos de la criminalidad es un tema que predomina en las líricas del rap.

[*Suena el teléfono/ Me tiene mal esta situación/ Llega la noche y pierdo el control/ Mi gato en la calle buscando el chencho/ No, nadie lo va a querer/ Así es la vida así es que brega él/ Es su trabajo y tengo que entender/ Que esa es su manera y aún me enamoré/ Pues cúidalo/ Esa es su manera e protegerte/ El me da lo mío/ No tengo porque quejarme/ Y aunque mis padres/ quieran alejarnos/ Ese es el hombre que amo/ Mi gato/ Y si hay rebuleo/ Yo rebuleo/ Si se tiraron los feos/ Hay tiroteo/ Cuando llegue el trakéteo/ No hay fantasmeo/ Por eso es que fregoteo/ Pal malianteo/ Yo voy a todas/ Yo voy a ti/ Cuando hay problemas/ Ven donde mí/ La gente no quiere entender, que/ Que a mi gato siempre apoyaré/ Aunque lo traten de maleante/ Los dos juntos vamos pa adelante/ La sociedad/ Nunca da un chance/ Pa que el barrio/ Pueda rankiarse/ Suena el teléfono/ Me tiene mal esta situación/ Llega la noche y pierdo el control/ Mi gato en la calle buscando el chencho/ No, nadie lo va a querer/ Así es la vida así es que brega el/ Es su trabajo y tengo que entender/ Que esa es su manera y aun me enamoré/ ... las mismas/ Pues no juzgues lo que eres/ Este es el dolor, de nosotras las mujeres/ Te la dedica, la más que te quiere/ No importa lo que pase, sabes que ahí me tienes/ Y si hay rebuleo/ Yo rebuleo/ Si se tiraron los feos/ Hay tiroteo/ Cuando llegue el trakéteo/ No hay fantasmeo/ Por eso es que fregoteo/ Pal malianteo/ Yo voy a todas/ Yo voy a ti/ Cuando hay problemas/ Ven donde mi/ La gente no quiere entender/ Que a mi gato siempre apoyaré/ Aunque lo traten de maleante/ Los dos juntos vamos pa adelante/ La sociedad/ Nunca da un chance/ Pa que el Barrio/ Pueda rankiarse/ Suena el teléfono/ Me tiene mal esta situación/ Llega la noche y pierdo el control/ Mi gato en la calle buscando el chencho/ No, nadie lo va a querer/ Así es la vida así es que brega el/ Es su trabajo y tengo que entender/ Que esa es su manera y aun me enamoré/ Esa es*

---

[128] Del CD: Ivy Queen- Real, 2004, Universal Music Latino.

su manera/Esa es la manera del barrio/Del guetto, mi pana/Y te lo dice la caballota/La reina de esto, Ivy Queen]

Es evidente que el rap ha sido capturado o desplazado, de los márgenes hacia el centro. Así lo afirmó Castro[129] en su texto semiológico *Cuando el centro del sistema absorbe a la periferia*. Señaló que el rap ha sido colonizado por el poder y pasó de ser un género controlado por los afroamericanos a uno liderado por industrias de blancos. Hemos visto por ejemplo a un cantante de rap junto a una cantante de baladas en un anuncio de diversos medios de la cultura mediática cuando nos instan a hipotecar la vida, de la misma forma que otros cantantes lo han hecho al ritmo de la salsa con la popular canción *yo tengo ya la casita*. Por esto las imágenes de los cantantes de rap, con mansiones y carros de lujo, sus cuellos cargados de pesados collares de oro, ponen en duda como dice Jeff Chang si el rap es una *rebelión juvenil híbrida* o una *rendición al capitalismo mundial*. También insistió en que el Hip Hop es el principal creador de marcas del mundo y que los cantantes ya no surgen de la calle a las listas de éxitos sino de los agentes artísticos que presentan y preparan sucesores.

El matiz contestatario y rebelde que tenía el rap *underground* se ha transformado en el canon actual. Tal parece que la mencionada máquina regulatoria del poder ha podido ubicar la resistencia en lugares inofensivos que al mismo tiempo generan ganancias exorbitantes. En forma simultánea, puede documentarse el uso del hip hop como una herramienta de protesta contra el racismo, el abuso de poder y las diversas formas de la hipocresía social. No obstante en los cronotopos singulares de muchos niños, el género del rap acompaña en diferendo otros discursos de la semioesfera[130] de la cultura. Y para las interpretaciones de cómo los niños y los jóvenes invisten libidinalmente esas líricas, los encuadres de patologización arruinan el análisis, porque encubren los conflictos que están implicados en el surgimiento de los géneros. Lo que es una manifestación interpretante de sus vidas y su inserción en esa forma de decir, se entiende como una anormalidad. Se ignora la dimensión enigmática que cada síntoma promete. Se ignora que la mayoría de los cantantes de rap han desplazado en sus líricas, mejor que muchos sociólogos y psicólogos la identificación de los

---

[129] En Castro, O. (2004) *Cuando el centro del sistema absorbe a la periferia: La evolución del Rap a través de la semiótica de la cultura*, Revista Electrónica, *Entretextos*.
[130] Para una elaboración del concepto de Lotman, semioesfera, como espacio semiótico, ver Lotman, Y. (1996) Semiosfera. Madrid: Cátedra y consultar a Lozano, J. (1998) *La semioesfera y la teoría de la cultura*, Versión electrónica. Ver además de Vázquez Medel, M. (2005) *La semiótica de la cultura y la construcción del imaginario social*. Versión electrónica.

problemas sociales principales que sufrimos actualmente. Nos hacen recordar que muchas veces la alegría festiva, la jactancia que se proyecta en las líricas es una manifestación disimulada e inconsciente del dolor.

CAPÍTULO 5

FROM THE DESK OF: SÓLO PARA PSICÓLOGAS

Quién dijo que todo está perdido, yo vengo a ofrecer mi corazón. Fito Páez

Cuando empecé a trabajar como psicóloga en 1986 predominaba y creo que aún es así, el modelo conductista, la psicometría. Hablo del Departamento de Educación Pública, entonces de Instrucción. Los psicólogos eran contratados con la expectativa de que administraran pruebas psicométricas y se nos exigía atender seis *casos*[131] diarios. Nunca acepté esa cantidad de casos y tampoco hacer psicometría. Es decir prescindía de las pruebas psicométricas. El sistema de los Programas de ayuda a los niños, por ejemplo el de Educación Especial, estaba enmarcado en una práctica alrededor los cocientes de inteligencia y los diagnósticos. Diagnosticar y rotular. Esta tarea resultaba en la concreta ubicación de niños en salones horribles, una especie de campos de concentración. Fui despedida en forma verbal. Al no proceder esta acción por su carácter de ilegalidad, en 1989 fui ubicada en un contexto más cercano a las escuelas. En ese período trabajé con una mayor libertad de acción, con menos resistencia y pude hacer gestiones novedosas *drugsfree:* opuestas a los modelos medicamentosos.

Podría hacer recuento de los horrores que viví: La politización en ese sistema monstruoso que es Educación Pública en Puerto Rico, las injusticias

---

[131] Escribo la palabra *caso* con incomodidad. Está incluida para propósitos de comprensión y para aludir al *argot clínico*.

para con los niños, las crónicas de la estupidez humana. A nadie sorprende ya y decirlo es lluvia sobre el campo mojado. El hilo conductor de mi escritura anda por otro rumbo. Lo importante es apalabrar lo que he pensado y algo sobre el trabajo con niños y adolescentes.

En primer lugar es importante pensar en nuestro encuadre ético frente a ese hablante que es el niño. Una vez se considera este asunto, surge con claridad la necesidad de defender con uñas y dientes ese espacio dialógico y privilegiado. No hay lugar aquí para la cobardía. Este aspecto ético tiene que ver con el respeto a la palabra del niño. Ofrecer el espacio para que esa palabra se desplace es exigir ese tiempo. Con muchos *casos* asignados esto se pone en peligro.

Es importante saber la historia previa a ese momento de encuentro con el niño. Me dirás que la historia como abstracción no existe y tienes razón. Pero me refiero a qué han dicho otros sobre el niño, las historias en plural, los llamados historiales. Un niño de Educación Especial probablemente tiene varios, por ejemplo el historial social, el de desarrollo, entre otros. Me refiero a las diversas evaluaciones de los *especialistas* como se les denomina en el Departamento de Educación, psicólogos, psiquiatras, neurólogos, pediatras entre otros y los informes de los maestros. Esas historias, construcciones diversas sobre el niño, son importantes para saber cómo han sido hechas, cómo inventan al niño, pero no para creerlas como verdades. Lo contrario se presenta por ejemplo en el automatismo de los psiquiatras que citaron las madres de niños con ADHD al que aludimos en el primer capítulo de este libro. Ellas ofrecieron testimonio de que los médicos estaban 15 minutos con sus niños, leían la lista pre hecha que llenaban los maestros y con eso hacían el diagnóstico de ADHD. Parece que no es *costo efectivo* estar más de 15 minutos. Noté que algunos psicólogos evaluaban niños sin leer el expediente completo. Esta práctica no es ética y es en parte producto del automatismo mencionado.

Después de la lectura tenemos hipótesis diversas, posibles historias de ese trayecto de vida recorrida por el niño hasta que lo conocimos. Para lograr alguna estructura escribo una narrativa que contiene mi propia historia. La pregunta es: ¿Cómo conceptualizo los problemas del niño? Sabemos que la tan mencionada práctica no está separada de la también mencionada teoría. Ya Baudrillard y las propuestas psicoanalíticas entre otros nos han hablado de la virtual imposibilidad de salir del plano imaginario, de aquello que construimos, de nuestros fantasmas. Esa brecha artificial y dualista que nos proponen las psicologías tradicionales entre lo teórico y lo práctico no tiene importancia epistemológica para nuestro trabajo. Hace tiempo sabemos desde la lingüística que la palabra mata la cosa, que una cosa es lo real y otra lo imaginario, que lo imaginario resignifica la supuesta realidad, que la palabra rosa no tiene espinas, que la rosa de mi jardín no sabe que le llamo rosa, que con las palabras concatenamos una posible conceptualización de cuáles son los problemas del niño y cómo podemos ayudar. Con los discursos de otros que leí en el expediente del niño, con lo que pienso al respecto, con lo que les escucho decir a ellos y a sus padres, con lo que escucho que callan, con lo que los silencios me dicen hago el tejido mencionado con una puntada abierta al cambio de diseño. Esto porque como escribió una vez el psicólogo Henri Wallon el niño lo que hace es vivir su infancia, entenderla, teorizarla, estudiarla es cosa nuestra.

Para el proceso anterior como dije antes, prescindo de la psicometría. A ésta me referí como el discurso del encubrimiento pues es una parafernalia que si se sigue termina con la cosificación y el estigma del niño. Acribillar al niño con preguntas y tareas nos aleja del desplazamiento de su palabra y nos convierte en tecnócratas para el control social, ya que según el valor numérico del cociente de inteligencia se ubicará al niño en las *alternativas educativas*, dicho de otra manera, y en el peor de los casos en los espacios carcelarios. Prescindo también de los diagnósticos de la biblia de la psiquiatría, el DSM. Un documento, como dije antes, político, de dudoso fundamento. Primero se utilizaba para propósitos descriptivos, estadísticos y de investigación, pero desde hace mucho tiempo se ha convertido en instrumento de diagnóstico para psiquiatras y psicólogos. Pienso que los niños tienen un nombre y dos apellidos. No tengo por qué llamarlos retardados, con déficit de atención, autistas, esquizofrénicos, entre otros. Esas palabras, sólo deben ser utilizadas en privado entre psicólogos o profesionales relacionados, no como rótulos o estigmas para los niños. Es difícil pronunciar esas palabras estigma sin caer en el esencialismo de las categorías.

Cuando leía los expedientes de los niños notaba que las voces de los maestros estaban ausentes. Por lo tanto mis visitas a las escuelas para obtener sus perspectivas fueron continuas. Estoy convencida de que si se convocaran más reuniones con maestros existirían menos diagnósticos que estigmatizan los niños. La amplitud de perspectiva que surge de los diálogos con maestros es vital como también el cambio de enfoque y visión de ellos en su trabajo con el niño. Así evitamos que las formas de ser típicas que exhiben los niños al vivir su infancia con energía, activamente, con alegría, sean vistas como patológicas, como enfermedades. También podemos hablar con los maestros sobre los sufrimientos del niño, algo sobre sus traumas, sus tatuajes psíquicos y sugerir otras formas de relación con ellos. No tenemos por qué limitarnos a lo que está reglamentado cuando hay demasiado fundamento conceptual para afirmar que estas reuniones son imprescindibles para sugerir posibles salidas a la situación cíclica y laberíntica que viven muchos niños. En los campos de concentración comunitarios que vivimos, todos somos víctimas. Por esto no tenemos por qué asumir una posición paternalista frente al niño en clara alianza con los adultos sino considerar que en esas reuniones somos interpretantes de la visión del niño, además de tener nuestro propio encuadre. Esta tarea no es fácil pues nos movemos en la cuerda floja de las palabras y los silencios, qué decir y en qué momento. Me parece contraproducente asumir un lenguaje paternalista hacia madres y padres. Por ejemplo decirle: Mamá...o Papá... Ellos tienen nombres y apellidos. Esta costumbre siempre me ha parecido irrespetuosa. La forma más fácil de arruinar todo el proceso es responder a la demanda conductista que hacen muchos maestros de que le entreguemos *un plan de modificación de conducta*. La llamada *conducta* es sólo un concepto viejo utilizado para rotular los actos del niño. Cuando piden el famoso plan pretenden que *arreglemos* la susodicha *conducta*. A esto diremos que la *conducta* del niño en la sala de clases no se puede delegar a ningún *especialista*. Cada uno de los presentes en la sala de clases asume la responsabilidad de su *conducta*, ya que de lo contrario aparece como si la *conducta* del maestro no formara parte de esta compleja red de relaciones. No se trata de conductas independientes sino de las personas en relación que son parte de un sistema complejo.

Caer en la trampa de estos *planes* es algo cotidiano y tal vez muchos psicólogos ni se lo cuestionan. Podríamos afirmar que el sistema educativo lleva muchas décadas enmarcado en este enfoque, sin fertilidad alguna. ¿Cómo vas a escribir un plan de lo que no conoces ni te imaginas y que incluye la dinámica existente en la sala de clase? ¿Cómo vas a escribir un plan para que otro lo lleve a cabo? Se trata de salir de ese sistema semiótico, porque la única forma de ayudar al niño y su maestra es que el plan sea una especie de trabajo cooperativo alrededor del cual la participación del niño sea la más importante. Los resultados de este cambio lo vimos en la escuela de Albany, denominada *drugsfree* que citamos en el capítulo uno. Claro que esto requiere que los mismos psicólogos cambien su esquema mental conductista, algo que los psicólogos y epistemólogos Piaget y Vygotsky, entre otros recomendaran hace ya mucho tiempo. La creación de un comité de trabajo es fundamental y en el sistema de Educación Pública en Puerto Rico, en Educación Especial ya existen los Comité de Programación y Ubicación. Lo que se necesita es que en efecto trabajen y no sean comités fantasma como noté muchas veces en mis años de trabajo.

Otra dimensión que compete a tu trabajo es pensar en cómo el *síntoma* habla. Es decir, qué podría querer decir en la trama relacional de un niño, a qué alude, con qué tiene que ver. Por ejemplo si el niño no habla y lees la palabra *mutismo escolar* en algún lugar de su expediente, puedes preguntarte por qué se calla e indagar a qué personas específicas escoge para hablar. Este trabajo es uno que tiene que ver con una acción que la filósofa Hannah Arendt distingue: El pensamiento. Tu tarea más importante no es acribillar al niño con la parafernalia psicométrica sino pensar en lo que dice o en lo que dicen de él. Porque es muy fácil esconderse detrás de preguntas pre hechas, pre cocidas por otros y renunciar a la responsabilidad de estar frente a un hablante, frente a un sufriente que te interpela, que te pregunta por qué estas allí.

Este hablante tiene su lenguaje propio, su manera particular de apropiarse de los significantes de su lengua para hacerlos producir sentidos particulares, giros inesperados, sentidos únicos. Entrar en ese espacio simbólico no es tan fácil y éste no se indaga en dos o tres sesiones. Por eso resulta desafortunado que ese tiempo valioso se utilice para *administrar* pruebas ingenuas y hacer preguntas insulsas. Freud utilizó el concepto de automatismo repetitivo para aludir a este proceso.

Utilizo una libreta para escribir literalmente esos decires: Metáforas que pronto se abrirán a los sentidos fértiles. Desfilan en este escrito las figuras de la retórica: aliteraciones, antítesis, elipsis, comparaciones, gradaciones, hipérboles, inversiones, ironías, lítotes, antanaclasis, metonimias, oxímoron, paronomasias, pretericiones, quiasmos, repeticiones, silepsis, sinécdoques, zeugmas entre otras. ¡He aquí las viejas figuras que devienen nuevas para el análisis!

Los niños y los jóvenes desplazan sus saberes inconscientes y nos ofrecen su diccionario personal a la menor provocación. Las manifestaciones de sus tatuajes psíquicos que irrumpen en sus cadenas sintagmáticas cada vez que hablan. Pero esto es así sólo si estamos atentos a escucharlos. Si nuestra atención busca sólo respuestas esperadas a preguntas estereotipadas, no hay escucha posible. Este asunto de las enunciaciones de los niños es uno complejo. Todos los sistemas semióticos, relacionales, familiares, escolares, comunitarios que sirven de contexto para su vida y que a la vez ellos llevan *dentro* pueden parecer *naturales*, pueden confundir nuestros análisis. No son naturales, en todo caso son las muchas naturalezas que crea la cultura.

Después de pensar estoy más preparada para ofrecer mis interpretaciones a los padres y a los maestros. En ese diálogo esas interpretaciones cambian porque los padres siempre están implicados en los problemas de los niños, en sus diagnósticos. Como han expresado otros en el capítulo uno, muchas veces los diagnósticos de los niños son metáforas de las desavenencias entre los padres o de sus ansiedades respecto a la crianza. Ya sabemos que los casos de violencia doméstica en Puerto Rico son alarmantes y que estos afectan directamente a los niños. Entonces no me explico cómo un psicólogo puede escribir con tanta autoridad un informe psicológico sobre un niño sin escuchar detenidamente a los padres, sin indagar sobre los detalles de la dinámica familiar, cómo cada quién lo ve, lo construye, lo inventa, lo fabula, no importa las sesiones que tome este proceso. Aquí quiero comentar que cuando se trata de agencias como el Departamento de Educación, puede existir presión para que los psicólogos atiendan determinada cantidad de *casos*. No obstante la firmeza de los psicólogos al negarse a una práctica que se opone a la ética y a la calidad de los servicios, es algo de vital importancia.

¿Cómo trabajo con los niños? Es una pregunta que tengo que enfrentar con frecuencia cada vez que expreso mi oposición al trabajo de rotulación de niños con pruebas psicométricas. Depende de la situación presentada y cómo ha sido indagada y pensada. Esto porque el repertorio de problemas es múltiple. Desde simples complicaciones con sus familias, situaciones con la dinámica escolar hasta sufrimientos que están asociados con traumas por maltrato, abandono psíquico por mencionar sólo algunos. Entonces la acción de escuchar es la más importante en ese primer encuentro. Aunque la escucha siempre está presente y es lo primero que entra en la escena. Esa escucha quiere decir que el niño tendrá la oportunidad de hablar, de decir lo que quiera, sin esquemas que perturben su palabra, sin preguntas que interrumpan su decir. Prefiero ver al niño primero, a menos que se niegue a estar sin su madre o padre. He encontrado inspiración en los textos psicoanalíticos, especialmente los de Francoise Dolto. Lo que el niño dice, esa palabra fresca, sin las advertencias y comentarios de sus padres es importante. Después entra en escena la escucha para los padres y para todas aquellas personas que se entienda que tienen algo que decir sobre los problemas del niño, maestros, directores, personal del sistema educativo, entre otros. Por esto no es necesario ponerse unos espejuelos psicométricos para ver a un niño. Sabemos que muchas veces éstos sustituyen al hablante que mira escondido detrás de esa mirada simplona y cómoda.

Siempre me he opuesto a responder a las demandas de parte de las instituciones para que los psicólogos consideremos que *el problema*[132] está ubicado en la *mente* del niño. Tal vez es que muchos psicólogos han respondido a esa demanda al validar esa concepción tan simplona y paternalista. Lo han validado con la mera acción de *tratar* al niño sin considerar algún aspecto que tenga que ver con su situación de vida. Podemos notar que aún aquellos que dicen considerar la situación de vida del niño, consideran que el niño *tiene* una disfunción, que algo anda mal en su *mente*. De esta manera entonces cuando se reúnen con sus padres es para hacer las recomendaciones pertinentes sobre cómo hay que *tratar* a un niño con *disturbios emocionales*. Ya he planteado que la mayoría de estos diagnósticos construyen y cosifican al niño como el portador de alguna enfermedad. Es como si las confabulaciones entre las instituciones

---

[132] Las itálicas aquí como en algunas instancias anteriores indican mi distancia respecto a la palabra convencional aludida.

arroparan las acciones de aquellos psicólogos que no tienen reparos al considerar al niño de esta manera tan simplista y que ni siquiera notan este detalle.

Es cierto que el referido tiene el nombre del niño. Pero el mismo pertenece a un sistema familiar. No indagar en esta dinámica generará muchas frustraciones y el niño saldrá perjudicado. No hay que ceder al *sentido común*, palabra Aristotélica que como es sabido, nos lleva a las *ideas generales*. Considero nocivo para los niños que las instituciones nos obliguen sutilmente a caer en simplismos, que nos obliguen sin imperativos evidentes, sin que sea tan notable, porque esto resulta en el proceso que nos lleva a fetichizar los niños. Que nos obliguen a hacer un trabajo de aburrida mediocridad. El estado de las instituciones en nuestro contexto es penoso. Hay países que han encontrado mejores soluciones. Pero aquí sabemos que cualquier gestión para pensar otras maneras de trabajar y sugerir explicaciones a problemas sociales graves cae en el terreno de la comparsa biopolítica y de la desfachatez politiquera. Como ejemplo recordemos la histeria que se crea cada vez que se menciona la alternativa de la despenalización de las drogas. Entonces el esfuerzo es tratar de mantener nuestro pensamiento ajeno a la esterilidad de estos tiempos difíciles donde reina la hipocresía de gobernadores y funcionarios, marionetas que se creen visionarios y apóstoles del bien. Para ofrecer una solución no debes pensar si es o no viable porque entonces renunciarías a la capacidad de soñar formas diferentes de vivir, formas diferentes de trabajar con los niños, formas distintas de pensar.

Es difícil pensar contracorriente y he vivido las consecuencias. Es penoso escuchar psicólogos repetir de manera acrítica los cánones de la profesión, las novelas sobre el autismo, los *slogans sobre* déficit de atención, los lugares comunes de la psicometría. Es penoso que lo hagan sin cuestionarse ni siquiera las palabras cosificadas y las tonterías con apariencia de cientificidad. No sé de algún pensamiento fértil que no mortifique los conocimientos convencionales. Es bueno recordar que esos teóricos que ahora citamos, Piaget, Vygotsky, Freud, Bajtín se enfrentaron a cánones aplastantes, a posiciones que ahora consideramos absurdas. Y en esta sociedad del espectáculo como una cuestión de *marketing* se afirman con frecuencia empirismos ingenuos con vestimenta teórica. Para mencionar sólo un ejemplo, pensemos en la noción *inteligencia emocional*. Vemos con frecuencia *coachers* faranduleros con espacio en los periódicos para escribir columnas motivacionales plagadas de referencias a esos libros, plagadas de enunciaciones pendejas. Es asombroso que algunas universidades y escuelas los inviten a ofrecer charlas. Si no estamos alertas hablan por nuestras bocas diversas tradiciones de psicología barata. Es bueno recordar la afirmación de Arendt: *la incapacidad de pensar no es estupidez; la podemos hallar en gente inteligente*[133]. Guacira Lopes Louro[134] escribió que *la ignorancia no es neutra, no es falta de conocimiento sino un efecto de conocimiento, de un tipo particular de conocimiento o un modo de conocer.* Considero que esta invitación al pensamiento mientras vivimos constituye una parte fundamental de cada quehacer.

Ninguna práctica o quehacer profesional está separada de las diversas teorizaciones o del constante devenir del pensamiento. A estas alturas no hay que fundamentar el hecho de que no es posible separar la práctica de la teoría. Por esto, en lugar de decir, como he escuchado, que lo más importante son las experiencias *prácticas*, sería mejor que los psicólogos indagaran si los cánones estudiados en sus formaciones como profesionales se sostienen o son producto de grandes mentiras con investiduras cientificistas, como se ha señalado en el primer capítulo. Al respecto menciono el texto de Valerie Walkerdine[135] en el libro *Escuela, poder y subjetivación.* Aquí Walkerdine se propone indagar sobre la producción del binomio psicología del desarrollo/pedagogía centrada en el niño. Así afirma que para explicar el mismo hay que notar que las prácticas de la psicología tienen el propósito de producir pruebas y pretensiones de verdad. Se ofrecen así formas de legitimación y fundamentación a las pedagogías en boga. Por esto vemos que por ejemplo, de los complejos planteamientos teóricos de Piaget, se utilizaron sus etapas de desarrollo, al margen de otros aspectos y se vincularon con otros asuntos contrarios a sus planteamientos pero que servían a los intereses de pedagogías en boga. Para Walkerdine no puede haber una comprensión de estos procesos si en los análisis no consideramos las construcciones históricas de la psicología, sus prácticas normalizadoras y las implicaciones de estas en la legitimación de políticas pedagógicas. No siempre nos damos cuenta cuando somos marionetas en estas máquinas productoras de sentidos convencionales. Recordemos lo que escribió Walkerdine: *El poder disciplinario no funciona mediante represión manifiesta sino mediante encubiertas reproducciones de nosotros mismos.* Entonces los procesos de normalización que suelen ser muy complejos, se hacen invisibles, se vuelven inconscientes y nos hacen caer en automatismos repetitivos de tareas propias de la profesión, en un hacer sin pensar.

En esta red, lo común es no notar cuando ejercemos funciones para la adaptación acrítica de niños, una gestión normalizadora. Aquí recuerdo una afirmación de un texto de Sastre[136]: *La paradoja de la psicología como profesión es*

---

[133] En Arendt (1995) *De la historia a la acción.* Barcelona: Paidós, página 115.

[134] Ver *O corpo educado. Pedagogías de sexualidade*

[135] Walkerdine, V. (1995) *Psicología del desarrollo y pedagogía centrada en el niño: La inserción de Piaget en la educación temprana,* del libro de Larrosa, J. *(Ed) Escuela, poder y subjetividad,* Ediciones La Piqueta, páginas 79-151.

[136] Ver Sastre, C.L. (1974) *La psicología, red ideológica.* Buenos Aires: Tiempo Contemporáneo, *página 178.*

que el psicólogo, confundido por una formación universitaria descabellada, debe "ver claro" para poder "esclarecer" a otros. Esto supone un alerta constante para pensar en las acciones repetitivas, autómatas. Entonces nuestro encuentro con un niño, en lugar de ser un breve espacio de libertad para que pueda hablar de su sufrimiento se convierte en un espacio invertido para la rotulación conductista de su palabra, para la anotación de *sus conductas mal adaptativas.* Aquí es notable que nuestro quehacer esté atrapado en tejidos políticos de diversa índole. En el análisis me parece que no es posible separar las prácticas profesionales convencionales de los diversos encuadres de las políticas públicas. Pensemos por ejemplo en los Departamentos de Educación y Familia. ¿De quién es la óptica? ¿De los psicólogos que hacen recomendaciones a estas agencias o de las agencias que demandan sutilmente que estos afirmen tal o cual cosa? Hemos escuchado psicólogos que en las actividades profesionales sostienen un discurso crítico y cuando ocupan cargos en alguna agencia son estaciones repetidoras de ficciones útiles para ciertos intereses.

Mi invitación es que recuerdes la mirada de los niños que has encontrado en tu camino profesional. Esa mirada interrogadora y enigmática. Las palabras que salen con timidez añejada, aquellas que no pueden salir por el nudo en la garganta. Te invito a recordar las palabras atrevidas, altisonantes, de los jóvenes, los llamados adolescentes. Algunas palabras redondas, otras como para sacarle punta. Ninguna parafernalia psicométrica puede sustituirte, esconderte, encubrirte en ese momento del encuentro existencial. Ninguna entrevista planificada puede reemplazarte o ser suplencia de tu atención o tus preguntas. Porque las que tienen adolescencia son las parafernalias psicométricas y las entrevistas de sastre. Si no te asombras ante el primer encuentro existencial con un niño pregúntate si acaso ya la automatización no domina tus actos. Recuerda, cada encuentro tiene una dimensión ética. No me refiero al curso de ética tan limitado que formó parte del currículo cuando estudiabas, más del lado de los manuales de procedimiento que del pensamiento filosófico. Me refiero, como dije al principio de este capítulo, a ese espacio de relación dialógica tan delicado de respeto, de tolerancia y de constante interrogación cuando se escucha a un otro. Me refiero a la lucha constante con uno mismo para no ubicar la palabra de otro en categorías reduccionistas y estériles. Me refiero al cuidado de no utilizar a la ligera el saber-poder para diagnosticar a la menor provocación y al cuidado de no usar la palabra categorizada, inventada por grupos sin escrúpulos. La palabra diagnóstico que se convertirá en máscara pegada a la cara en forma permanente y a veces irremediable.

Somos también rehenes de nuestras formaciones descabelladas. Rehenes de los conceptos que están en boga y son parte de las grandes narrativas del *marketing farmacéutico.* Narrativas constructoras de fantasmagorías como los *desbalances de serotonina*, las *depresiones endógenas y exógenas* y los *déficits de atención*.

Podemos hacer el intento de atravesar nuestros propios fantasmas y pensar otras formas de estudiar y entender la infancia. Abandono la escritura con la próxima línea del poema de Youcenar[137]: *La vida nos tiene atrapados*.

---

[137] Fragmento citado de Youcenar, M. *Fuegos*. (2000) España: Suma de Letras, Punto de lectura, pagina 42.

AUTORA

La doctora Ana Delgia Alvarado Ortiz nació en Puerto Rico y estudió en la Universidad de Puerto Rico, Recinto de Rio Piedras. Ha trabajado como psicóloga y profesora universitaria. Le interesan temas ubicados en psicoanálisis, semiología, literatura, filosofía, filosofía del lenguaje, estudios de la cognición, pedagogía crítica y los estudios del género. *Un niño es un rehén* es un análisis crítico de la práctica generalizada de medicación de los niños. La autora utiliza como herramientas analíticas la noción relaciones dialógicas de Bajtin, y nociones de semiología, psicoanálisis, teoría de sistemas y psicología crítica. Incluye relatos de sus experiencias de trabajo como psicóloga en Puerto Rico. La doctora Alvarado trabaja en este texto temas como la violencia escolar, los géneros musicales del rap como discurso contestatario, el plurilingüismo social y sugiere otras formas de proceder en el trabajo con niños.